老子尹喜帛书

道德经 解注

灵泉黎老◎著

经济日报出版社

图书在版编目（CIP）数据

老子尹喜帛书《道德经》解注 / 灵泉黎老著 . —北京：经济日报出版社，2022.9

ISBN 978-7-5196-1179-8

Ⅰ . ①老… Ⅱ . ①灵… Ⅲ . ①道家②《道德经》—译文③《道德经》—注释 Ⅳ . ①B223.1

中国版本图书馆 CIP 数据核字（2022）第 154865 号

老子尹喜帛书《道德经》解注

著　　者	灵泉黎老
责任编辑	门　睿
责任校对	赵海霞
出版发行	经济日报出版社
地　　址	北京市西城区白纸坊东街 2 号 A 座综合楼 710（邮政编码：100054）
电　　话	010-63567684（总编室）
	010-63584556（财经编辑部）
	010-63567687（企业与企业家史编辑部）
	010-63567683（经济与管理学术编辑部）
	010-63538621 63567692（发行部）
网　　址	www. edpbook. com. cn
E－mail	edpbook@ 126. com
经　　销	全国新华书店
印　　刷	三河市华东印刷有限公司
开　　本	710×1000 毫米　1/16
印　　张	18.5
字　　数	167 千字
版　　次	2022 年 9 月第一版
印　　次	2022 年 9 月第一次印刷
书　　号	ISBN 978-7-5196-1179-8
定　　价	95.00 元

序　一

　　《道德经》传世已经两千余年了，封建社会有一个重要的政治规矩叫"避讳"——皇帝名字中的字，后世的文章中不得出现。西汉汉文帝（公元前 202 年—前 157 年）本名刘恒，《道德经》里的"恒"，刘恒之后就变成了"常"，单独这两个字的意思是相同或相近的，但与"非"连在一起就容易引起误解。据 1973 年马王堆汉墓出土的《道经》记载，本句为：

　　道，可道，非恒道也。名，可名，非恒名也。

　　意思是："道"，是发展的，自然科学的概念定义或者内涵，也不是一成不变的，会随着认知水平的提高，逐步丰富和发展。

　　由于本章在楚简中没有，敝人推测应该是尹喜续补的。作者提出与时俱进的发展观和认知观，为续补或者重新创作提供铺垫，并作为首段，非常巧妙。

　　我们都知道，《道德经》内容丰富，它尝试从宇宙之初的混沌开始阐述自然界的演变规律和人性规律。那么他所说的"道"，内容就相当丰富了，既可以是自然界本身，也可以是自然界的科学规律，还包括人性社会的规律。

我们人类对自然界及其各种规律的认识，自远古时代开始就是逐步提高、逐步深入的。即使到了现在，也仍然如此。单单就是基础科学的力学，初中学、高中学、大学学，甚至顶尖物理学家都还在研究都在学习力学（量子力学）。所以说，"道"的内涵、边界和深度，是没有尽头的，所以才有知识大爆炸的说法。本段的"名"，就是"命名"的意思，也就是"下定义"了，那么"非恒名也"，所赋予的概念或内涵也不是恒定不变的，也是需要与时俱进了。

"道"既然是开放的、发展的，那就应该允许对"道"进行讨论、进行辩论。在这一点的认识上，东西方存在巨大差异。在我们传统的课堂上，老师作为学术权威进行授课，学生恭恭敬敬认真听课记笔记，记好标准答案。而西方的课堂上鼓励讨论，特别是在大学里，主讲逻辑少讲结论，甚至经常没有标准答案，他们称之为"辩道"或者"质疑精神"。

研究《道德经》，应该提倡借鉴"辩道"，提倡"质疑精神"。

作为一部视界高远的哲学著作，帛书《道德经》一开篇，就以开放的姿态，对自然界的认知水平以及科学规律总结定义命名，提出了动态发展的观点，"非恒道也""非恒名也"，是随着人类社会认识水平的提高而不断丰富的。

作为一部哲学著作，那下面该写什么呢？

对，该写宇宙起源了。帛书《道德经》是这样写的：

无，名天地之始也。

意思是，用"无"来表示万物之始、宇宙之初的状态。帛书原著作者特地创造了一个文字"无"，并对之进行了定义，"名万物之始也"。

不懂现代物理学的人可能会对老子的命名原则产生"怪异"的感觉。

然而，在电荷为"零"的初始状态下，由于外力，比如"摩擦"或者运动，就产生了电量相等的正电荷和负电荷，分居两边，这就是"摩擦生电"。若逆转回去，回到"之始"，正负电荷中和"为零"，是不是用"无"表述得很贴切呀？

自 1928 年开始，物理学家陆陆续续发现所有的微观粒子都有各自的反粒子，都可以中和为"零"，回到"无"的初始世界。

我们的物质世界，都是由各种有"有质量的"粒子为核心组成的。那么，这些粒子在什么情况下变成有质量的了，会不会有一天被"中和"了，变了"无"？

当代有个叫希格斯的物理学家就提出猜想，应该有一个使"基本粒子"产生质量的"场"，这个场中的玻色子与宇宙中的基本粒子互相作用，使得"基本粒子"产生质量，从而产生了物质的世界。希格斯把这个预言场中的玻色子称为"上帝粒子"。

2012 年 7 月 2 日，美国能源部下属的费米国家加速器实验室；2013 年 3 月 14 日，欧洲核子研究实验室先后发布新闻稿，在高能对撞加速实验室中发现了"上帝粒子"的存在。

2013 年 10 月 8 日，诺贝尔物理学奖在瑞典揭晓，英国理论物理学家彼得·希格斯和比利时理论物理学家弗朗索瓦·恩格勒因发表"上帝粒子"的理论预言而获奖。

霍金在听到"上帝粒子"得到验证的消息后，说，这是个好消息，"上帝创造世界"，有了最有力的理论和实证支撑。但同时警告大家，基本粒子获得质量的过程，如果逆转过去，就会使一个物质的世界变为没有质量的基本粒子的世界，这个过程就会使物质的世界"灰飞烟灭"和消失，回到"无"的初始状态。

由于"上帝粒子"的发现，就等于发现了物质世界在某种情况下可以"中和为零"，从而消失的可能性。

目前，我们地球人所掌握的科技知识和我们所能达到的活动范围，按照空间比例，连宇宙的毫毛都没有摸到。宇宙对于我们，基本上就是一个未知的广袤世界。我们最好的态度就是尊重，维持它们的原生态，以使物质世界长长久久。

所以，保护环境很重要，维护原生态很重要，要避免我们不知道在哪一天，不小心触动了自然界的"命门"，而回到"无"，也就是"万物之始也"，那样，我们的罪孽可就大了。

有，名万物之母也。

"有"这个字，现在已经被方块化了，规范化了。其实，在帛书里，这个地方的"有"是一个具有运动形象的椭圆形符号。它让我们想到了什么？

——"宇宙""银河系"，对，作者用他不同凡响的想象和观察，为了描述宇宙或银河系，创造了一个兼具运动的大旋臂式样的椭圆形符号。

作者的认知远远超越了他所生活的时代。他认为，我们看到的浩渺的星辰宇宙，才是万物之母；我们所生活的大地万物，仅仅是宇宙星辰的一个分子而已。

不管宇宙是上帝"无"中生有造出来的，还是大爆炸产生的，物质世界产生了，也就是自然界产生了。那么，对这个物质世界怎么认识呢？也就是需要什么样的方法论呢？

故恒无欲也，以观其眇；恒有欲也，以观其所噭。两者同出，异名同谓，玄之有玄，众眇之门。

上面这段话中有5个关键字：无、眇、有、噭、玄。

"无"和"有"，《道德经》前面已经定义过了，那么"眇"是什么意思呢？它有"小""初始"等意思，也就是微观了；噭 jiào，意为呼喊、鸣叫。物理学上，声音是声波通过任何介质传播形成的运动。玄，本意是黑、暗，这里是否指暗物质呢？还是另有深奥之意呢？或者兼而有之呢？

现代高能物理知识告诉我们，宇宙之初，或者大爆炸之始，各种微观粒子就产生了。对这个阶段所产生的微观粒子的研究，是现代物理学研究的主要方向。通过对爆炸后宇宙空间的观察研究，可以了解物质世界的宏观边界或运转规律；微观研究和对各种粒子各种波的研究，对研究天体物理来说是相辅相成的；研究大爆炸前一刻的"奇点"和爆炸伊始包含各种粒子的炽热的宇宙，"异名同谓"。

玄之有玄，众眇之门。

不但推动或维持宇宙运行运转的机制是看不见的，宇宙（"有"）里面还存在着看不见的物质，也就是暗物质。不管是宏观研究还是微观研究，都离不开"暗物质"，离不开"黑洞"。暗物质或者黑洞对我们人类来说，是深奥神秘的，但或许物质世界就是从"黑洞"爆炸中产生的。对暗物质的研究是研究一切的法门。

帛书作者在两千多年前的这段表述，与我们现在的认知几乎一致，两千多年前的帛书作者就具有了爱因斯坦的认知呀，难怪会引世界英雄竞折腰了！

对我们人类来说，暗，有一部分是相对的，比如 X 光，我们可以借助一些工具来探知、来研究；有一部分是绝对的，比如宇宙中大大小小的黑洞，连光都逃逸不出来。所以，有学者预言，黑洞也给科学划定了边界。

我们看到的都是主观的世界。人类感知世界的方法，就是靠我们人类的六觉来完成的，即视觉、听觉、触觉、嗅觉、味觉、知觉，依赖外界刺激人体神经元细胞，再由细胞体传出，将反应回馈至大脑。

现代生物学研究表明：嗅觉靠的是气体对人类鼻腔的 400多种蛋白细胞刺激引起的反应，如果没有气体飘进鼻腔进行刺激，嗅觉就不起作用。触觉凭的是直接刺激人类肌肤，由人类的 100 多种蛋白传递信息到大脑，如果肌肤接触不到，触觉就不起作用。味觉，当然是直接刺激舌头，由舌头中的几十种蛋白质传递信息到大脑，如果不刺激舌头，味觉也就不存在。听觉需要空气，由空气震动刺激耳朵内的鼓膜才行，浩渺的宇宙是没有空气的，离开了地球、离开了空气，听觉也就失去作用了。我们感知世界最重要的是视觉，可惜我们人类的视网膜只能感受到 390 纳米—700 纳米波长的光，大量的紫外光和红外光也是看不到的。

帛书作者敏锐地发现了人类存在的感知局限，所以在帛书《道德经》中没有用到一个"智"字。作者认为当时社会上把知礼者称为"智"，更是荒唐，最多是半"智"，也就是"知"。

因为帛书作者不自满，具有非常开放的视野，所以，时至今日，我们仍然觉得帛书《道德经》无比伟大。帛书《道德经》里所隐含的智慧，是我们用之不竭的财富，值得我们每个人以包容的心态虚心学习。

新黎民

序　二

一、1973 年，长沙马王堆汉墓出土了五十多部失传了两千多年的帛书。其中在两张制作年代不同、形制不同的帛（一种致密而轻薄的丝织品）上，有用不同字体的朱丝栏墨形式，分别都抄有以《德》和以《道》为标题的文章。

由于这两篇文章的内容与传世的《道德经》貌似形同，学者们根据这两部帛书成书年代的先后，将它们分别称为帛书《老子》甲本和帛书《老子》乙本，统称为帛书《老子》。

其中甲本的文字介於篆隶之间，文字没有避汉高祖刘邦的"邦"字讳，其抄写年代，应当在汉朝建立前。乙本的文字是隶书，避"邦"字讳，但是仍然使用"盈"和"恒"两字，据此推断其抄写年代可能是在文景之前。

经推算，帛书甲本比乙本早几十年，比广泛传世的《道德经》的成书时间（在汉昭帝时期）至少早了百年以上。

帛书《老子》甲本全文 5344 字，上下逻辑通达、浑然一体。而经比对发现传世至今的《道德经》版本，由于原文总共有三百多句话，多达几百处与帛书《老子》不同，传世本《道德经》出现了很多前后逻辑不通、互相矛盾、甚至完全相悖的地方，篡改痕迹明显。

1993 年在湖北荆门郭店村楚墓出土了八百余枚简牍，被称为"楚简"。其中有残缺的《老子》甲、乙、丙三种文本。可辨识的字数分别为 1000 余字、400 余字和 300 余字，与帛书《老子》的内容极为类同，年代比帛书《老子》早百余年，被称为楚简《老子》。

经过比对，传世本有 700 多处异化，变得晦涩难懂，不少章句读之则惑，关键道理用之则废。

二、传世版被异化难懂的一个主要原因是"因避讳帝王名字而替换文字"。

《道德经》传世已经两千余年了，封建社会有一个重要的政治规矩叫"避讳"——皇帝名字用过的字，后世的文章中不得出现。汉文帝叫"刘恒"，《道德经》里的"恒"，后来就变成了"常"。单独这两个字的意思是相同或相近的，但与"非"连在一起就容易被误解。如帛书版：道，可道，非恒道也，名，可名，非恒名也。也就是，"道"，是发展的，与传世版相比，立意完全相反。经过比对，传世版仅仅因避刘邦、刘恒、刘启和刘弗这四个汉朝皇帝的名讳，将全文中的"邦"改成"国"，"恒"改成"常"，"启"改成"开"，"弗"改成"不"等，为后世解读《道德经》带来了很多疑惑。

三、在汉武帝董仲舒时期被有意篡改

文字的发展规律是表意越来越细腻，文字越来越多，同音字越来越多。但是帛书中反复出现的两个文字，83个"无"和5个"無"，在传世版中被无差别地修改成了"無"。1956年，中国（大陆）公布《汉字简化方案》后，又无差别地变成了"无"。彻底湮没了老子区别定义使用"无"和"無"二字的深意。

很明显，《道德经》原著作者特地创造性地使用了一个文字"无"，并对之进行了重新定义，"名万物之始也"。后来包括《易经》在内的一些著作也有借用"无"字。《说文解字》也进行了收录：无，亡也。从亡，无声，通于元者。也就是说，"无"是中国汉字"一级"字，与"元""天"有着天然的联系和近似的含义。

而"無"是"二级"汉字，是从跳舞的"舞"衍化而来，在"舞"的下半部添加另外一个一级字"亡"字，本意表示躲入舞台幕后，延伸有躲藏、逃亡、随时可能再登舞台之意。

为了在阅读中区别这两个字，敝人建议把"无"读作"（元天）无"，把"無"读作"（舞蹈）無"。

根据历史记载和考古文献验证，第一次系统地对黄老思想和文献进行封禁和篡改，就发生在汉武帝时期。"罢黜百家，独尊儒术"不是只喊口号，而是全国性的文化桎梏。《道德经》被独尊儒术的董仲学派有意篡改。关于人文社会的《黄帝四

经》消失，只剩论述人体结构的内经。整理传播《道德经》的学者，函谷关关尹所著的 18000 字的《关尹子》（文始真经）也完全消失了，现存的《关尹子》（文始真经）疑为唐宋时期的伪作。

四、老子所说的"无为"究竟是什么意思？

答案是：依从天帝意志而作为，呵护好天地缔造的天地人和王（地球生物）。

天帝意志，对天地：则是阳光灿烂、风调雨顺、四季有时、植被翠绿、环境清朗。

因为天之道犹张弓者也：高者抑之，下者举之，有馀者损之，不足者补之。故天之道，损有馀而益不足。天地有自我平衡、自我修复、互相制衡等机制，基本可以做到无所不能。所以人们无须作为。

天帝意志，对人：则是希望人口繁盛、生活日益和谐、幸福、善于做事、平等、自由等。但是人之道很特别，常常是穷的越穷富的越富，损不足而奉有馀。孰能有馀而有以取奉於天者乎？唯有道者乎！

依从天地意志，有道者就要对"人之道"积极干预。帛书作者写了七章内容，提出了相关措施。一是为底层托底；二是善师贵师散开为器；三是治水。

帛书作者早于基督教《圣经》中的马太发现了马太效应，两千多年前就提出民众生而拥有幸福的权利。这是道家"民为贵，社稷次之，君为轻"的理论基础。

五、老子所说的"德"究竟是什么意思？

答案是：做事符合天地意志的，就是德。

自然之事，无为就是德；

人间之事，通过制定规则为底层托底才是德。

以上两条的边界很难把握，容易好心办坏事而失德。

六、帛书《道德经》的作者究竟是谁？

《史记》老子列传记载，"盖老子百有六十余岁，或言二百余岁，以其修道而养寿也。"老子懂得养生，终寿160岁或者200岁，很显然，这不可能。

再看老子字聃，周守藏室之史也。我们可以大胆推测，"聃"，很可能是一种职业——负责采风收录世间人文成果的周王国的"图书馆馆长"。那么老聃也很可能是200年间历任"图书馆馆长"的总称，也许其中有一任馆长姓李名耳。（《史记》成书起初并未对外公布，从西汉开始就多有删节散佚，有很多章节也系后人所续，唐朝从唐太宗时就有修改史籍的行为，因此，有人认为李耳是唐朝李姓皇室追补。）

按照成书年代顺序推定，1993年在湖北荆门郭店村楚墓出土的八百余枚简牍比《帛书老子》早百余年，被称为"楚简"。其中有残缺的《老子》，算上无法识别的文字，总共只有两千多字。敝人推测这两千多字的著作，才可能是"老子们"的合著作品。

1973 年长沙马王堆出土的帛书《道德经》，甲本为 5344 字，乙本为 5342 字。与只有 2000 余字的"楚简"相比，帛书经过了大量增补，主要是增补了天象之道、用兵之道，特别浓墨重彩地增补了战国中期后才有的时政状态和利弊分析。历史记载这个 5000 余字的版本是函谷关令尹喜"望见老子，强而著书而得"。也就是说，这个版本是经尹喜之手公布于世的。

所以尹喜这个人就特别值得认真对待。经考证，早期史书和历史遗迹对尹喜推崇备至，先秦时就称之为"文始君"，有许多文字首次出现在《道德经》中，为尹喜所创。

其将兵出身，喜观天象，是两千多年前的哥白尼，甚至比哥白尼看得更远更透，看到了星际宇宙的运行之道。帛书版关于道和德的论述更加完整，几乎相当于重新创作，敝人大胆推测，这个版本的《老子》应该是尹喜加工补充所作，故称为"帛书《道德经》"更准确些。

为了便于传世，尹喜编绘了一个动人故事，假借老子之名而已。当然，也有可能正好当时的"图书馆馆长"机缘巧合对其进行了审阅或者肯定。

帛书重新创作的技巧非常高明：

道，可道，非恒道也。名，可名，非恒名也。

作为重新创作的第一章，铺垫得非常自然，浑然天成，可见尹喜不愧为"文始君"。尹喜文采飞扬，思想邈远，曾有《文始经》（关尹子）传世。英国著名科学思想家李约瑟先生曾经在他的《中国科技思想史》中大量地引用了《关尹子》一书中的观点和论断，评价甚高。

庄子干脆把尹喜和老子并列，称为"古之博大真人"。又称文始真人和文始先生。

七、受年代久远的影响，帛书《老子》出土时甲乙本均有部分残缺，个别地方，几个版本同时缺失，成为千古遗憾。

敝人穷尽二十多年的业余时间对帛书甲本、乙本、楚简《老子》等多种版本进行研读分析，认为帛书甲本经义在逻辑上最通达，全书浑然一体毫不违和。楚简成书虽早，但多是孤篇论道。从内容对比上看，帛书甲本相当于再创作，仅仅借用了楚简的少许文字而已，因此本解注原则上以帛书甲本为准。

如果帛书甲本无法辨识，而乙本存在明显逻辑悖逆的文字，则展开一定的分析解读或续补，目的在于抛砖引玉，谨供参阅。

八、"竹简"书写的特点使得传承过程中一些章节易发生错乱。

尹喜再创作后的帛书《道德经》内容非常丰富，受科技发展水平的制约，当时的帛材非常昂贵，帛可直接做"幣"（币）。因此，《道德经》最初一定是用竹简书写的。然而单根竹简的载字能力有限，有些单根竹简承载的内容，正好是某一章的完整内容；有的单根竹简上的内容不完整，意犹未尽；还有的单根竹简上的内容离散很大，显然存在抄写错误。

当时，还没有发明印刷术，传承都靠抄写，究竟经过了多少次抄写，才被誊写在绢帛上，已经无从考究。帛书誊写者在可能已经发生错乱的竹简书的基础上再誊写，错误也会延续下来。

从帛书的各章顺序分析，当时的人们已经不能完全理解作品原意了，出土时仅具参考意义。

九、敝人在熟读帛书《道德经》的基础上，以帛书《道德经》甲本的文字内容为基准，不增不减，但把表意相对接近或者有上下承接关系的章进行了重新排列、排序。重新排序后突然如醍醐灌顶一般，发现作品具有非常严谨的逻辑性，之前所有的疑惑、所有的梗，如冰山融化一样全部豁然解体，犹如猜中谜语一样，《道德经》不再晦涩难懂，简直像通俗读物一样，喜悦之心忍不住要与大家分享。

重新排序后的帛书《道德经》如先秦古文一样，比喻生动，逻辑性很强，甚至有点接近白话，通俗易懂且极具智慧。本来不需要解注。但由于传世本的千年误导，已经在民间形成了惯性思维，还因帛书甲本里出现的部分文字已经被淘汰，为了对惯性思维矫枉，不得不做此解注。这是本书的一个重要特点或者写作动机，也是本解注书名的由来。

本书采用的帛书甲本来自于中华书局 1996 年出版的《帛書老子校注》，能有所悟、有所得，全赖于前人栽树，在此郑重致谢！

灵泉黎老

目　录
CONTENTS

老子尹喜帛书《道德经》

道 篇 解 注

第一章　道 非恒道也 宇宙起源一

道，可道也，非恒①道也。名，可名②也，非恒名也。无，名万物之始也③；有，名万物之母也④。故恒无欲⑤也，以观其眇（miǎo）⑥；恒有欲⑦也，以观其所噭（jiào）⑧。两者同出，异名同谓，玄之有玄⑨，众眇⑩之门。

传世本（01）：道可道，非常道；名可名，非常名。无名，天地之始，有名，万物之母。故常无欲，以观其妙；常有欲，以观其徼（jiào）。此两者，同出而异名，同谓之玄，玄之又玄，众妙之门。

解注：

本章和后面连续几章，是帛书作者用他那个年代特有的语言来解读宇宙大自然的起源。

这几章也可以称为帛书作者心中的《创世纪》。

①恒：持续的、不变的。

②名：命名，下定义。

③无，名天地之始也：意思是，用"无"，表示在天地被

缔造之前就存在着设计好的、推动或维持宇宙运行运转的机制。

帛书作者特地创造了一个文字"无",并对之进行了定义,不同于舞者躲入幕后而来的"無",有关分析见本书序。

④有,名万物之母也:用"有",表示万物的本体。

(现在我们称这个本体为宇宙)

⑤无欲:欲,想得到某种东西或想达到某种目的。无欲,对"无"的探究、研究。

⑥眇:微小、渺小,微观世界。

⑦有欲:对"有"的探究、研究。

⑧噭:通"叫",发声行为。物理学上的发声行为是由物体振动产生的声波。

⑨玄之有玄:"无"有玄机但是看不见,"有"的玄机也看不见,存在暗物质。

⑩眇:这里做动词,谛视,眯着眼睛观察世界。

译文:

"道"是可以用言语来表述的,(但表述的只是我们当前认知水平所能理解的道,我们所能理解的道,会随着科技水平的提高而提高),自然科学的概念定义或者内涵,也是可以尝试着用言语来表达的,但它的概念或者内涵,会随着认知水平的提高,而逐步丰富和发展。

（在本经中），"无"，用来表述万物被缔造前就存在着已经设定好的宇宙运行、运转的控制机制；而"有"，则被定义为万物形成后的母体宇宙。因此，坚持研究"无"，可以研究观察微观世界；坚持研究"有"，可以研究各种振动及其产生的各种波。

"无"和"有"表达的都是宇宙那些事，名字不同内涵相同。不但推动或维持宇宙运行运转的机制是看不见的，宇宙里面还存在着看不见的物质，也就是暗物质。暗物质是研究众多宇宙奥秘的法门。

第二章　有 物物昆成 先天地生 宇宙起源二

"有"，物物昆（kūn）成①。

先天地生，萧呵缪呵，独立而不垓（gāi）②。

可以为天地母③，吾未知其名，字之曰道④。

吾强（qiǎng）为之名，曰大，大曰筮⑤，筮曰远，远曰反（返）。

反（返）也者，道之动也⑥。弱也者，道之用也⑦。

天下之物生於有，有生於无⑧。

传世本（25）：有物混成，先天地生。寂兮寥兮，独立而不改，周行而不殆，可以为天地母。吾不知其名，字之曰道，强为之名曰大。大曰逝，逝曰远，远曰反……

传世本（40）：反者道之动，弱者道之用。天下万物生于有，有生于无。

解注：

阅读先秦古文有一个诀窍，那个年代基本上都是单字词，注意不要被我们现在常说的复合词或双字词误导。

①有，物物昆成：

有，接上一章，指的是那个大旋臂，也就是宇宙。

物，甲骨文 🜲，本义是牛车上插旗在风中的样子，表示呜呜跑。物物，古文中，常有把复写字省略的习惯，依从现在习惯补上一个"物"字。

昆，会意字，从日，从两个反写的人。表示有两个反写的人推着太阳星体在运行。我们"人"是照着谁的样子造出来的？这两个反写的人又是谁呢？帝也！中国文化，帝有两个。

成：组成、构成、修造、成行。

有，物物昆成：宇宙，呜呜地被一种神秘的机制推着处于恒常运行状态。

延伸解注：昆仑山脉，商周人民发现了东西绵延数千公里极为高耸的山脉，比照天帝推动天体运行运转的猜想，这个山脉当属天帝推动地球运转运行的轮柄，简称"昆仑"。昆明，彩云之南，接近赤道，地球本身不会发光，此地上方乃天帝为方便推动地球运转运行而设置日、月，作为照明灯盏的地方。

②先天地生，萧呵缪呵，独立而不埙（gāi）：

上一章已经定义了"无"，名万物之始也，因此，本句描述的对象是先天地生的"无"，是"推着星球运转的神秘机制"。

7

　　本书特别建议国家把帛书《道德经》中曾经出现过的文字恢复使用。使用帛书文字，文章会显得特别精彩、特别传神。

　　萧：帛书中本字是"纟+萧"，与后面"缪"字一起描述这种神秘的机制如丝线可以拉扯住星球运转，却又隐而不见。

　　不垓：帛书中的本字是"王+亥"，亥是猪，可以理解为天猪。不垓，不被天猪俘获或吃掉。

　　③为天地母：上面所描述的神秘机制，不仅仅只维持星球运转，还在物质凝结成球体方面起着重要作用。因为下一章有说，如果它辞官了，"其致之也，谓天毋已清将恐裂"。

　　④道：以我们今天的知识，可以认为道包含了万有引力在内的四种力以及其他物理学机制，但要用简短的话定义它仍然存在困难。金文及金文大篆字形如图，非常形象非常传神：

　　金文"道"，金文大篆"道"。

　　⑤大曰筮：本章几个连续的"曰"是语助词或连接助词，无实义，可翻译为"又"。如：昊天曰明。筮，象形字，表示宇宙星宿各居其位互不侵占的样子。

　　⑥反也者，道之动也：反，通"返"，循环往复。

　　⑦弱也者，道之用也：弱，被微弱机制驱动或带着运动、伴行。比如，月球被地球带着绕太阳运动、伴行。

　　⑧天下之物生于有，有生于无：地球生物圈的生物来自宇宙，宇宙是由初始的维持天体运行的神秘机制"无"产生的。

天下之物，地球生物圈的生物。有，也就是第一章所说的大旋臂宇宙。（提醒注意：在后面的《德篇》中，"有"指的是生物体，也就是生物肉体或肢体）

再回到上一章说的"无，名万物之始也"，就更惊叹作者逻辑之严密。"无"，就是"有"被缔造前就已经存在的、无形的，又能维持天体运行的神秘机制，也就是"道"。

译文：

宇宙，呜呜地被一种神秘的机制推着处于恒常运转运行的状态。这种神秘的推着天体恒常运转运行的机制在宇宙诞生前就存在了。这种神秘的机制如丝线可以拉扯住星球运转，却又隐而不见，也不会被什么吞没。可以推测，它还在物质凝结成球体方面起着重要作用。听不到它的声音也看不见它的形体，寂静而空虚，独立长存且漫无边际，循环运行而永不衰竭，可以作为宇宙产生和维持运转的根本。我不知道它的名字，所以勉强把它叫作"道"，再勉强给它定义个特征叫作"大"。

它广大无边而运行不息，运行不息而伸展遥远，伸展遥远而又能驱使天体循环往返。

天体循环往返呀，是道在运动。通过内在的机制驱动或带着伴行运动，是道的运作方式。

地球生命来自宇宙，宇宙是由初始的维持天体运行的神秘机制"无"产生的。

补充解读：

其实，上面的内容在帛书《道德经》中也是第 25 章和第 40 章，与传世本相同。据此，敝人判断章节错乱在誊写成帛书前就已经出现了。为了正本清源，敝人历二十余年对帛书各章节重新解构，以期找出内在的逻辑。结果甚好，内在的逻辑一旦找到，重新解构解注的《道德经》在观点和逻辑上更加通顺畅达。敝人的兴奋之情亦无法放下，对原作者的佩服和敬仰之心如滔滔流水，促使我想尽办法，推动出版事宜，期待尽快与读者分享。

延展理解：

本章的"弱"，有伴生、伴随、相似的意思，那么《红楼梦》中的"任凭弱水三千，我只取一瓢饮"，意思就是，相似的水很多，我独中意一个。

第三章　道 天 地 人 道法自然 宇宙起源三

道大，天大，地大，王①亦大。國②中有四大，而王居一焉。人法地，地法天，天法道，道法自然。

传世本（25）：……故道大，天大，地大，人亦大。域中有四大，而人居其一焉。人法地，地法天，天法道，道法自然。

解注：

①王：包括动物、植物、微生物在内的所有地球生物。后面章节有"道生遗传物质一、生物进化产生雌雄二性繁殖、二性繁殖繁衍产生后代三，从而产生万物"，把表示万种生物的"三"串起来总称为"王"。

②國：从前后句可知，"國"包括了道、天、地、生物，因此，國即是现在意义上的宇宙。

译文：

道大、天大、地大，地球生物也大。宇宙间有四大类物质，而地球生物居其中之一也。

人类的生理特性和分子结构取法于地球这个空气、水等特定物质组成的碳基生命生态体系，人必须遵循地球的规律特性；地球的运行取法于天体物理，地球的原则是服从于天体；天体取法于神秘莫测的"道"，天体以道作为运行的依据；而道取法于自然。

延伸科普：

富水的地球生态体系经过长期演化产生了氨基酸，并进化出了各种生物。根据分子结构和生命状态，地球生物都属于碳基生物，即以碳元素为有机物质基础的生物。

科学界推测，宇宙可能还存在有碳氨基生命。液态氨与液态水相比有许多显著的化学相似性。利用含氨的溶解而不是水的溶解，可以同样提供整个有机和非有机化学反应，液态氨在溶解方面和水一样好，甚至更强。同水比，它溶解许多金属元素的能力超好，包括钠、镁、铝等碱金属，可以直接溶解；此外，一些其他的元素，比如碘、硫、硒、磷都在液态氨中有一定的溶解度，并几乎不怎么同液态氨发生反应。以上各种元素在生命化学方面都具有重要作用，而且铺就通往生命早期演化的道路。而宇宙中富含氨的行星比较多。据此，科学家推测，宇宙中存在碳氨基生命的概率要远远高于碳基生命。

第四章　道始万物之宗 帝之先 宇宙起源四

道冲①，而用之有②弗盈也。潚（sù）③呵，始万物之宗④。
锉其兑，解其纷，和其光，同其尘⑤，湛呵似或存。
吾不知其谁之子也，象帝之先⑥。

传世本（04）：道冲，而用之或不盈，渊兮似万物之宗。挫其锐，
解其纷，和其光，同其尘。湛兮似或存，吾不知谁之子，象帝之先。

解注：

本章是对上一章所描述的"道"——产生并推动天体恒常
运转运行的神秘机制进行赞美和讴歌。

①冲：帛书甲本和乙本，都是三点水偏旁的"沖"，传世
本是两点水的"冲"。汉字中，"冫"两点水组成的字"冰"
"冷""凉""冻"，与"氵"三点水的"江""河""海""洋"
"湖""泊"等有本质的区别。

"道冲"，既然帛书中有"沖"这个清晰的文字，本书认为
应该跳出传统思维，依据字形特点解读为"道溶解于事务之

中，无处不在"。

②用之有：依从第一章的解注，"有"是帛书作者创造的一个代表宇宙大旋臂的那个形象的符号。用之有，用之于宇宙万物。

③潚：水深而清澈。（水特别清澈时看起来好像什么也没有）

④始万物之宗：开始孕育乃至形成万物的根本。

⑤锉其兑，解其纷，和其光，同其尘：

兑，通过容器兑换交换。全句意思是，锉开道的内在信息交换控制机制，解剖分解道的纷纭纷扰控制机理，交替逐次调和其光波强弱，聚集叠加其微粒尘埃组合。

本句说的是对"道"的研究方法。

⑥象帝之先：象，古文中常用象比作巨物，因为上一章已经肯定"道"在宇宙前存在，因此，本书认为该句子是肯定句，而非比喻句，象，浩渺的宇宙；帝，通缔，缔造宇宙天地这件事情。

译文：

产生并推动天体恒常运转运行的神秘机制或基本原理融于一切之中，无处不在，依据它形成了那个浩瀚旋转的宇宙，但是似乎它又不存在。它的作用真是无穷无尽的深远啊！它好像是开始孕育乃至形成万物的根本。想锉开其内在信息交换控制机制，解剖分解其纷纭纷扰的控制机理，甚至想通过交替逐次调和其光波强弱，聚集叠加研究其微粒尘埃组合，可是啊，清澈透明看不见的道啊，究竟为何物啊，但又好像是实际存在的。我们不知道它是源自哪里？但它却在世界被缔造之前就已经被计算设计好了。

补充解读：

本章是对产生并推动天体恒常运转运行的神秘机制，也就是"道"，进行表述和赞叹，作者用他那个年代特有的语言表述了自然科学的基本原理。

自然科学的道，确实高深莫测。比如，一个表面层级的"道"，万有引力定理，成就了月亮围绕地球转、地球围绕恒星转。但再深究，为什么会产生引力？星球为什么可以漂浮在太空之中？这些道理"湛呵似或存"，我们地球人至今还没有完全搞懂哦！

敝人认为，前面几章关于宇宙起源和天帝崇拜的观念，在盘

庚迁殷时就已经有了雏形，因为殷的甲骨文 𢀖 ，其形象就是天帝手把手给予，天帝亲授。王权来自天帝，迁殷源于天帝启示，盘庚面对迁都阻力，舌战族众，大讲天命，这也许就是天帝崇拜的理论基础。

第五章　随而不见其后，
迎而不见其首"道"的感知

（道呵），视之而弗①见，名之曰希②。听之而弗闻，名之曰"聋"③。揗（mín）④之而弗得，名之曰夷⑤。三者不可至诘⑥，故缗（mín）⑦而为"一"。

"一"者，其上不攸（yōu）⑧，其下不忽⑨。寻寻呵不可名也，復归于无物。是谓无状之状，无物之象，是谓沕（mì）望⑩。随而不见其后，迎而不见其首。

传世本（14）：视之不见名曰夷，听之不闻名曰希，抟之不得名曰微。此三者不可致诘，故混而为一。其上不皦，其下不昧。绳绳不可名，复归于无物，是谓无状之状、无物之象。是谓惚恍。迎之不见其首，随之不见其后。执古之道，以御今之有，能知古始，是谓道纪。

解注：

作者深深地感觉到我们依赖六觉器官感知世界的能力非常有限，我们能够感知到的，都是主观的世界。现在我们借助望远镜、显微镜以及更多的精密分析仪器，看到了以前我们看不到的世界。在两千多年前的那个年代，作者能预见到世界一定还有我们六觉能力之外的广袤世界（比如引力的世界、基因的世界），非常难得。

①弗：甲骨文 ，金文 。有三种解释：一是把两根树木绑起来矫正；二是有东西被遮挡或者涂改，看不见得不到；三是苦修的人，因深度思考而语迟。

②希：从巾、从爻（yáo），"巾"，巾帛，"爻"，像文字针线交错。本义是在巾帛上写字刺绣，意思是天书上的字。

③聲：超出耳朵听力能力的声音，超声波或者次声波。

④揩：河南方言，意思是用手指在物体表面用一定力度抚摸移动。

⑤夷：平原河水之表面，平、平面、表面。

⑥诘：追问，诘问，探究。

⑦缗：帛书甲本为"口内+束"，收缩的意思。通缗，纺棉花成线后的称呼（mín）。古代穿铜钱用的绳子，计量单位：一千文。现在钓鱼用的线也被称为"缗线"。

⑧攸：会意字，从攴（pū）、从人从水。表示人扶杖走水路。

⑨忽：突然消失。

⑩沕望：沕，隐没。沕望，望不见。

译文：

　　产生并推动天体恒常运转运行的神秘机制，决定事物性质或机密的道，看它看不见，因为它好像被书写在神界的巾帛上，我们现在还无法观察到，把它叫作"希"；听它听不到，超出了我们耳朵的辨音范围，把它叫作"簪"；播它，只能触摸到物体本身，没有感觉到还有别的，把它叫作"夷"。这三者的特征无从考究，它像是用缂线把一个个的铜钱串起来一样，把天体串了起来，因此我们缂而称之为"一"。

　　"一"者，它的来源是刚性的，未来也不会消失。再琢磨也没有办法给他下定义，复归于无物。总之是"无状之状，无物之象，是谓沕望"。

　　随之不见其后，迎之不见其首。

第六章　天得一以清 地得一以宁

昔之得一者①：天得一以清，地得一以宁，神②得一以灵，浴③得一以盈，侯王得一以为天下正。

其致之④也，谓天毋已清将恐裂，谓地毋已宁将恐发，谓神毋已灵将恐歇，谓浴毋已盈将恐渴⑤，谓侯王毋已贵以高将恐蹶⑥（jué）。

传世本（39）：昔之得一者，天得一以清，地得一以宁，神得一以灵，谷得一以盈，万物得一以生，侯王得一以为天下贞。其致之，天无以清将恐裂，地无以宁将恐发，神无以灵将恐歇，谷无以盈将恐竭，万物无以生将恐灭，侯王无以贵高将恐蹶。……

解注：

①昔之得一者：

昔，象形字，共日而生，《诗·商颂·那》——自古在昔。

"一"，作者本章对"一"的概念进行了扩展，在事物中应该都有类似于推动维持天体运行的神秘机制。

②神：会意字，从"示申"。"申"是天空中闪电形，古人把大气循环中的闪电雷公等拟人化为"神"。

③浴：本意是具有自动补水功能的山涧、溪流、湖泊。

④致之：致仕，旧时指交还官职，即辞职、辞官，如：《公羊传·宣公元年》——退而致仕。

⑤渴：帛书作者敏锐地发现了水在生命过程中的决定性作用。有水才成"浴神"，所以本书不同意将"欲"等同于"谷"。

⑥蹶：跌倒、倒台、下台。

译文：

往昔已经得到"一"的：天得到"一"而清朗；地得到"一"而宁静；神得到"一"而英灵英明；浴得到"一"而流水潺潺；侯王得到"一"而成为天下正统。

如果"一"辞职不作为了：天体失去"一"（万有引力），恐将崩裂离散；地球失去"一"（万有引力），恐怕水就要蒸发逃逸，"神"失去了"一"（水汽蒸发循环），也不能保持灵性。浴失去了"一"，不再保持流水潺潺，恐怕要干涸；侯王失去了"一"，不能保持天下首领的地位，恐怕要摔下台来。

补充解读：

至和致是意思相反的两个字，注意辨析。

儒学经典《大学》中有一句"格物致知"，本义是术业有专攻，应各司其职、各知其事，不在一个"格"的事情不必去学习。

康熙是"格物致知"的典范，法国传教士白晋在《康熙帝传略》中记载：康熙将西学的培训严格控制在极小的范围内，因为他认为皇家没有必要学习西学，人民学习先进的西方科技会极大地动摇以骑射起家的满清的统治，更没有必要学习。康熙不准传教士在有汉人和蒙古人的衙门里翻译任何科学文献，不准展示科学器物。正是康熙这种狭隘的态度，导致西方科技在中国得不到传播。

有人为了洗白拔高儒学有意把至和致混淆。知不知，尚矣，不知不知，病矣。

第七章　浴神不死 遵从缔志 呵护生存

浴（yù）神不死①，是谓玄牝（pìn）②。玄牝之门，是谓天地之根。緜緜（mián）呵若存③、用之不堇（jìn）④。

传世本（06）：谷神不死，是谓玄牝，玄牝之门，是谓天地根。绵绵若存，用之不勤。

解注：

上一章说，如果违背了道，"浴毋已盈将恐渴"。挺吓人的，本章给个定心丸，正常情况下浴神是不会死的。

生养天地万物的神灵。在天，指的是维持天体运行的原动力；在地，指的是保持生物繁衍的环境，俗称土地公。

浴神是自然界众多"道"之一。帛书作者用他长期的观察和思考，回答了芸芸众生所关心的一个重大问题，浴神不死。维持天体运行的动力不会衰竭，维持生物繁衍的环境一时半会儿是不会恶化的，也就是生养天地万物的道是永恒长存的。

无水不成浴神，传世本写作谷神，是不懂《道德经》，本书建议使用帛书本字"浴",亦应读作 yù。

善于观察的人会发现,风雨过后,原本干涸的低洼之地,积水不久就会有小鱼、小蛙出现。敝人小时候也曾百思不得其解,现在知道动物的卵和草本植物的种子失水后都很轻很小,会随风飘飞,生命力会保持几十年,甚至更久,在这期间,他们遇到水和适宜的温度就会孵化萌发。

①死:被人探视,临近死亡。与之字义相近的几个古字:

死的甲骨文,殁的金文,亡的金文。

殁 mò,探视时哭得涕泪俱下,表示死亡;亡,逃亡、逃而不见。

②是谓玄牝:牝,本义是母体,玄牝,指的是可以产生万物的"无"。是谓玄牝,是因为有产生天地并维持运行的机制以及保持生物生殖繁衍规律的"道"。

③緜緜呵若存:先辨析一下"帛""系""緜""棉"的字源。

帛的甲骨文,系的甲骨文,緜的金文,绵的隶书**綿**。

緜:写有字的帛书曰緜。

若:甲骨文字形,殷商时的妇女地位高,主管祈祷、祭祀、占卜,祈者妻也。"若"有跪拜、祈祷、祈求、遵从、依从的意思。

若存，遵从"存在、不绝"这一宗旨。

④用之不堇：用，甲骨文字形 $\mathbb{H}$，围栅栏种植并呵护生长。堇：生命力旺盛的草本植物。用之不堇，呵护不旺盛的生命。

译文：

生养天地万物的浴神是永恒长存的，这是因为有产生天地并维持其运行的机制以及保持生物生殖繁衍规律的"道"。

产生并维持运行繁衍的道，就是天地维持不绝的源泉或根本。

绵绵的天书上写作呵，"遵从存在、不绝"这一宗旨；"呵护不旺盛的生命"。

补充解读：

最后一句，因不可能有天书，更不可能在帛做的天书上写字。

这是作者浪漫地认为：遵从自然、遵从缔造万物时的初衷，是我们人，特别是有使命的"聲人"所应承担的基本责任和义务。

也是作者首次明确"德"的基本内涵。

第八章　天物各复归于其根 殁身不殆

至虚极也①，守情表也②。万物旁作③，吾以观其复③也。天物雲雲④，各复归于其根⑤，归于其根曰静⑥，静，是谓复命。复命常⑦也。知常明也。不知常，妄⑧，妄作凶。知常容，容乃公，公乃王，王乃天，天乃道，道乃久，没（mò）身不殆⑨。

传世本（16）：致虚极，守静笃，万物并作，吾以观复。夫物芸芸，各复归其根。归根曰静，静曰复命。复命曰常，知常曰明，不知常，妄作凶。知常容，容乃公，公乃王，王乃天，天乃道，道乃久，没身不殆。

解注：

本章秘钥：千百年来传世本把首句解释为养生修心，产生了重大误解。

作者那个年代，处在从神话传说到有文字记载的信史时代的过渡期。在世界各民族的上古传说中，都有把部落首领或部落名称混为一谈的事情，传说中的许多首领英雄，如神仙一般

25

长命数百岁甚至数千岁。要揭穿这个谎言，刺破美化祖先的神话面纱，是需要智慧的。特别是会捅破许多"养生家"的幻想或者饭碗，更是需要策略的。所以作者才用了非常谦卑的首句。

①至虚极也：虚者空也，极度放空、彻底放空。这里指彻底放空思想观念，不带一点儿成见。

②守情表也：守者保也，保持用情理来推理表达。

③复：往复、循环。

③万物旁作：旁，旁边，左右两侧，广泛。如旁征博引。

作，产生，兴起。如《论衡》——周秦之际，诸子并作。

④天物雲雲：天物，随自然天地而来的生物或地球生物。雲雲，帛书作者用词精妙，后面章有"云"字。本处的"雲"是随风雨而生长。而"云"的含义是问题答案归于自然法则而自然界已经有解决问题的安排，因为自然有自我平衡、自我修复的能力。

雲雲，按照自然界已经设定的法则随风雨运作运行的样子。

⑤根：植物果实中能长成新植物的部分，又泛指生物传代繁殖的物质，包括植物的根和种子。

种子的种是很晚才出现的文字，甲骨文和金文中都没有，汉代大篆出现后才出现的。现在的"种子"代替了"根"的概念。

⑥曰静：曰，语气连接词。静，安静、停止。

⑦常：常者。恒常也，永恒不变。

⑧妄：胡乱，荒诞不合理，轻举妄动。

⑨没身不殆：没，通"殁"。没身，身体死亡。殆，危也。

译文：

彻底放空思想，不带任何主观成见，用一般情理来推理表达啊！万物蓬勃生长，我们从而考察其生命往复循环的道理。

那万物纷纭，按照自然界已经设定的法则随风雨运作生长，其生命又都循环归于其种子。生命循环归于种子，种子的特征是"静"，静不是生命的停止，而是生命循环复生的开始。旧生命死亡新生命复生是恒常不变的，知道这恒常不变的自然道理，才是明白人呢！不知道这个恒常现象，寻求长生不老，就是妄，有了妄念就会化作凶兆。

知道生命生老循环的常态，做事就会宽容、包容，宽容、包容做事就会公正、公道、无私，做事公道无私就符合王道，符合王道就是符合天道。天道恒久不变，即使生物体本身消失了，遗传物质也不会陷入断绝危机。

第九章 执今之道 以御今 是谓道纪

执今之道，以御今之有，以知古始，是谓道纪①。

古之欲为道者②，微眇玄达，深不可志③。夫唯不可志，故强为之容，曰：與④呵，其若⑤冬涉水；猶呵，其若畏四邻；严呵，其若客；涣呵，其若凌泽（释）；珀呵，其若樸；湷（zhuāng）呵，其若浊；潒呵，其若浴。

浊而情之⑥，徐清。女以動之⑦，徐生。

葆此道⑧不欲盈⑨，夫唯不欲盈，是以能𣬱而不成⑩。

传世本（14）：……以御今之有。能知古始，是谓道纪。

传世本（15）：古之善为道者，微妙玄通，深不可识。夫不唯不可识，故强为之容；豫兮若冬涉川；犹兮若畏四邻；俨兮其若容；涣兮若冰之将释；敦兮其若朴；旷兮其若谷；混兮其若浊；孰能浊以静之徐清？孰能安以久静之徐生？保此道者，不欲盈，夫唯不盈，故能蔽不新成。

解注：

①执今之道，以御今之有，以知古始，是谓道纪：本章首句旗帜鲜明地提出了"执今之道，以御今之有"的发展史观。然后设靶子，对"古之欲为道者"战战兢兢的养生形象进行了嘲讽，最后提出了简单直白的养生观。

道纪："道"的纲纪，即"道"的规则纪律。

②古之欲为道者：甲本本句缺。从下面文字看，作者认为那是走火入魔的为道者，乙本"古之善为道者"不妥。

③志：本意是心愿所往，这里是用心记载、记录、叙述。

④舆：造车的工匠。甲骨文是四只手合力造车的形象，《考工记》——舆人为车。

⑤若：甲骨文字形 ，敬畏、依从。其后连续几个"若"，形象地表达了敬畏、小心翼翼的样子。

⑥浊而情之：本句以及后面的句子，才是帛书作者的观点。

浊，心绪烦躁，思绪混乱。

情，帛书甲本为情，按照人情事理去排解处理。

⑦女以動之：女通安，本意是屈蹲的人；動通重，也就是"动"的繁体字。

⑧葆此道：养生之道。葆，使草木健康苗壮。

⑨盈：盈满、极致。

⑩襥而不成：襥，甲本该字为"敝+衣"，上下结构。因为传世本第 23 章有"敝则新"，是不带"衣"的，指树木落叶凋零，因此不能简单地与"敝"等同。本章的"敝+衣"和成，表示的都是衣服。"敝+衣"组成的字当然是旧衣服或出汗后的衣服；而"成"，现在农村一些老人还把寿衣叫成衣。

译文：

执今之道，分析解决今天的事情，了解过去的历史，这是符合自然之道的发展史观。

古代那些痴迷于养生、长生之道的人，细致入微、日夜勤练，一般人做不到，也无法理解他们。正因为难以理解他们，所以只能勉强地形容他们：他们顾虑很多啊，好像冬天造车——木材太干燥难以造车轮，沾水后难以把握，又容易变形；他们警觉戒备啊，好像在防备着邻国的进攻；他们恭敬郑重啊，好像要去赴宴做客；他们行动洒脱啊，好像在祈祷冰块哗啦消融；他们修炼阴阳呵，又担心会孕育生灵；他们深入水下呵，好像要去拜见河神；他们在水中列队呵，他们好像是在拜见浴神。

其实养生哪有那么复杂？

心绪混沌，心思混乱了，按照人情事理去排解调理，心就平复清醒了。

蜗居屈蹲久了，器官凝滞，肌肉僵硬了，慢慢活动活动，就恢复生机了。

坚持养生之道的人，不能奢望达到长生的效果，特别不能奢望得道成仙。不奢望修炼成仙，因此，也是可以起到强身健体的基本效果的，而不会使自己本来穿作生活服装的襚衣，最后变成寿衣呀！

补充解读：

本章旗帜鲜明地亮明了作者的一个基本观点，后知胜过先知。同时，也是对第一章"道，非恒道也"的呼应。

形容古之养生为道者的形象，因为淘汰字多，只能通过字源进行解读，不一定准确。但是作者在提醒一个现象，追求长生不老的人往往短寿，从而间接地表达了作者对养生的态度。

珀：阴阳之雄性者也；椏：会意字，从木、从尸、从一，从

至，至的甲骨文 ，椏，指植物动物的"一"已经初期萌发。

第十章　天地不仁 以万物为刍狗 师从自然

天地不仁①，以万物为刍（chú）狗②。

聲人③不仁，以百省（xǐng）④为刍狗。

天地之间，其犹橐籥（tuo yuè）與？虚而不滆（gu），踵（zhǒng）而俞出⑤。多闻数穷，不若，守於中⑥。

传世本（05）：天地不仁，以万物为刍狗；圣人不仁，以百姓为刍狗。天地之间，其犹橐龠乎？虚而不屈，动而俞出。多闻数穷，不若守于中。

解注：

①不仁：仁的小篆 ，子曰"克己复礼为仁"，克制自己的不满或不方便参加祭奠礼仪等集体活动为仁。仁本身也是会意字，手触地趴跪在地上的两行人，表示有多人参加的跪祭活动。与人的甲骨文金文形象 有明显不同。

还有常连在一起说的"義"，也是会意字，从羊，从我，

32

"羊"表祭牲,"我"是兵器,又表仪仗。本义为有祭牲的奠仪活动。

字义经过变迁,"仁"又被解释为"包容,包容接纳不同的人"。不仁,有差别地对待人。

②刍狗:帛书那个年代基本上都是单字词,很少有双字词,刍是刍,狗是狗,代表的应该分别是植物和动物。古代文化中,植物和动物在天空分别有刍藁（gǎo）星和天狗星两个不同的星宿来司管。出现"刍狗"双字词,表示用草扎结成狗模样的祭品是后来的事情。

③聲人:聲,从声从殳从耳,"殳（shū）"是古代兵器之一,类似于禅杖。因为后面章节有"聖人"出现,显现帛书作者是有区别使用的,聖人指君王或者真正懂道的人,本书忠于帛书甲本。

④省:甲本为省乙本为姓,省,甲骨文 ![图], 金文 ![图], 本义是各种表演在眼睛里的映像,后来用作察看、视察、省亲、反省。

⑤天地之间,其犹橐籥與? 虚而不湵（gu）, 踵而俞出:

橐是旧式风箱;籥是来回遮蔽风箱风口的小木片,又称簟门;湵,搅浑、搅和、掺和;踵,形声字,从足,重声,脚后跟,作动词,追逐;俞,会意字,从亼（集 jí）,从舟,从刂,水闸也,此气闸也。

⑥多闻数穷，不若，守於中：

若，前面已经详细解读过，祈祷、祈求的意思；

守：会意，从宀、从寸，宀表示房屋，寸是法度，合起来表示守则、法度；制定守则、制定法度；官吏的职责、职守。

中：会意字，中的金文大篆 ，指前进运动中宇宙天体或前进中的自然界。

一会儿需要让开气道不掺和事情，一会儿需要出来闸住气道。到底什么时候该让开，什么时候该闸住，不用祈祷祈求，从自然界中学习总结就可以了。

译文：

天地是不会有差别有选择地对待不同的人的，它对待万事万物就像对待植物、动物一样，不因其有无参加祭拜而不同，该给阳光给阳光，该给雨露给雨露，任凭万物自生自灭。

聖人也是不会有差别地对待会表演的和不会表演的人，也同样像对待植物、动物那样对待各种表演的人，任凭人们自作自息。

天地之间，什么时候该给阳光，什么时候该给雨露？

有点像旧风箱的籗门，一会儿需要让开道路不掺和事情让空气流进来，一会儿需要闸住道路改变空气流向。到底什么时候该让开，什么时候该闸住，不用跪拜祈求，从自然界中学习总结就可以了。

延伸理解：

作者认为，如果哪个人来祭拜祈祷就对那个人好，把有限的机会调配给那个人，这样的神就是恶神。

反之，一个把恶神膜拜起来的人，也好不到哪里，是一对狼狈而已。

总之，像天地这样的神，是不会有差别地对待有无祭拜的人的。我们人所需要做的，仅仅是尊重他、荣耀他，让更多的人来尊重他。夫天地无亲，恒与善人。

第十一章 有之以为利 无之以为用

卅辐①同一毂（gǔ）②，当其无，有车之用③殹。埏（shān）埴（zhí）为器，当其无，有埴器之用④也。凿户牖（yǒu）⑤，当其无，有室之用也。故有之以为利，无之以为用⑥。

传世本（11）：三十辐共一毂，当其无，有车之用。埏埴以为器，当其无，有器之用。凿户牖以为室，当其无，有室之用。故有之以为利，无之以为用。

解注：

曾经有言，司令员、警卫员、炊事员、保育员、邮递员、理发员、售货员、售票员等等，分工不同，都有其用。下一章还专门讲了炊事员，提倡各司其职，安心做好本职工作。

①卅辐：卅，三十。辐，即辐条，车轮中连接轴心和轮圈的木条，古时代的车轮由三十根辐条所构成。三十取法于每月三十日的历次。

②毂：是车轮中心的木制圆圈，中有圆孔，即插轴的

地方。

③当其无，有车之用：有了车毂中空的地方，才有车的作用。"无"指毂的中间空的地方。

④埏埴：埏，拌和；埴，土。即用陶土制成供人饮食使用的器皿。

⑤户牖：门窗。

⑥有之以为利，无之以为用："有"给人利益，"无"也发挥了关键支撑作用。

译文：

三十根辐条汇集到一圆形轮毂中的孔洞当中，有了轮毂中空的地方，才能发挥车的作用。揉塑陶泥做成器皿，有了器具中空的地方，才有器皿的功能。开凿门窗建造房屋，有了门窗四壁内的空虚部分，才有了房屋的作用。

所以，"实体有"给人价值利益，"空白无"支撑了它的作用。

补充解读：

"有"与"无"既是相对的，又是相辅相成的。"有"实际上成全于"无"，而"无"也成全了"有"，各种看似相互矛盾、相互对立事物之间互相关联、互相作用才是"道"的真谛。按照现代的说法，"有"和"无"既对立又统一的辩证关系原理是自然科学最重要的"道"之一。

在"有"和"无"的辩证关系中，本章还顺带论述了产品价值之道，在现代经济社会中更具有现实意义。比如建筑小区的价格就与容积率有很大关系：建筑区域内空地、绿化较多，容积率就低，建筑物的单价就高。有人把建筑物规划得满满的，想多卖钱，结果单价下跌，事与愿违。

第十二章　炊者不立 自现者不明

炊者不立，自视者不章①，自见（现）者不明，自伐②者无功，自矜（jīn）③者不長④。其在道，曰：稌（yú）食赘（zhuì）行⑤，物或（yù）恶（wù）之⑥。故有欲者弗居。

传世本（24）：企者不立，跨者不行，自见者不明，自是者不彰，自伐者无功，自矜者不长。其在道也，曰余食赘形。物或恶之，故有道者不处。

解注：

本章秘钥：古代家里灶台比较矮，烧灶时，人都是蹲着或者坐着的。炊与厨是有严格分工的，《苍颉篇》——厨，主食者也。

①章：会意字，从音、从十，音指音乐，"十"是个位数已终了的数，合起来表示音乐完毕。本义：音乐的一个完整曲目。

②伐：自吹自擂，夸耀自己。例句：《史记·淮阴侯列

传》——不伐己功，不矜己能。

伐功矜能（吹嘘自己的功劳和才能）；伐德（自夸其德）。

③矜：自夸、自恃。例句：《公羊传·僖公九年》——矜之者何？犹曰莫我若也。《韩非子·说疑》——不敢矜其善。

④長：甲骨文 ，金文 ，项上有加持物，本义是首领或年长者。

⑤稌食赘行：稌，帛书为米字旁，脱壳的谷物。稌食赘行，本义是吃饭过量、带太多宝贝行走。后来演变成一个成语，演变成吃剩的食物、身上的赘疣。比喻遭人讨厌的东西。

⑥物或恶之：物，甲骨文 ，本义是牛车插旗运动中。

或，会意字，甲骨文字形从口（象城形），从戈（以戈守之）。表示以戈卫国，本义：国家，通"域"；引申为人类社会、世界各地。自己以外的人或跟自己相对的环境：如物议（群众的批评）。待人接物（他人）。

物或恶之，运转中的人类社会讨厌这种行为方式。

译文：

矮灶烧火的人是不能站立工作的；自己看自己是不能看清全貌的；自己忙于表现自己，是难以看清楚外在世界的；自己夸耀自己难以完成更大功用的，自鸣炫耀是不可能获得大众认同的，这是社会关系之道啊！有人说，那些自我夸耀的人就如同"余食赘形"，运转中的人类社会讨厌这种行为方式。所以，有自夸欲望的人不要落得人人讨厌的下场啊！

第十三章　曲则金 洼则盈 成才之道

曲则金，枉则定[①]，洼则盈，敝则新[②]，少则得[③]，多则惑[④]。是以聲人执一，以为天下牧。不自视故明，不自见（xiàn）故章，不自伐[⑤]故有功，弗矜[⑥]故能長。夫唯不争，故莫能与之争。古之所谓曲全者，幾（几）语才[⑦]，诚金归之。

传世本（22）：曲则全，枉则直，洼则盈，敝则新，少则得，多则惑。是以圣人抱一，为天下式。不自见，故明；不自是，故彰；不自伐，故有功；不自矜，故长。夫唯不争，故天下莫能与之争。古之所谓"曲则全"者，岂虚言哉？诚全而归之。

解注：

①曲则金，枉则定：曲和枉本义都指木质器具的弯曲，横向弯为曲，竖向弯为枉。扁担弯曲更结实，更能承受重物，桥面拱曲更坚固成就千年赵州桥。竖向枉曲支撑更加稳定，传统家具腿多有枉曲。

则：用于判断句表示肯定，相当于"就"、就会。

金：会意字，从人从土，从二。从"土"，表示藏在地下，从"二"，表示藏在地下的物质。古代认知常识，天地之初，重物下沉为地，轻物上升为天，金的本义是沉重的物质。有坚固、重、承重、黄金等多种含义。此处取"坚固"，如成语，金城汤池。

定：稳定、安定。

②洼则盈，敝则新：洼，深池也，亦作深也。敝：甲骨文字形 ，树叶飘落凋零的样子，这里取其本义。

③少则得：少，会意字，两侧手里东西掉落，两手空了。得，会意字，左边是"彳"表示行走、右边是"贝"（财货）加"手"，表示走向前时手里拿到了财货。

④多则惑：多，会意字，肉块叠加；吃撑消化不了。

惑，会意+形声，如图： ，肚子撑破还拉稀，模拟音，豁——

⑤伐：夸、夸耀。

⑥矜：自大、自以为是。

⑦幾语才：幾，现简写为几，本意是器具；语，说、说到；

才，象形字，甲骨文字形，上面一横表示土地，

下面象草木的茎（嫩芽）刚刚出土，

其枝叶正在破土的样子，取其本义。

译文

横向拱曲则更坚固、更能承重，竖向枉凸则更加稳定；低洼才有机会充盈，凋零才有吐新；手空才能去拿取，吃多了则不消化。所以有道的人坚守这一循环辩证的原则作为处理天下事物的范式。眼睛向外，反而能看清楚外面世界；不自我表现，反而更能彰显自己；不自己夸耀，反而能获得成功；不自以为是，所以才能不断成长。正因为不刻意与人争，所以遍天下没有人能与他争。古时所谓"委曲便会保全"的话，是从上面叙述的器物又联想到种子破土时扭曲不挠全身而出的样子，暗喻人的成长成才。

诚挚地把最金贵的赞美、最热烈的掌声归于他！

补充解读：

天有四季更替、月有圆缺循环。本章作者阐述了事物循环往

复变化的规律。在循环往复变化的某些阶段，洼则洼了，不要责备或急于填平。自然界具有"损有馀而益不足"的自我修复、自我平衡能力，要实事求是，待以时日，自会修复。作者由自然界的一些常见事物的道，又延伸到人在接受委屈后，往往能够保全，联想丰富，非常难得。

后面《德经》有一章又做了相似的阐述。天之道，犹张弓者也：高者抑之，下者举之，有馀者损之，不足者补之。故天之道，损有馀而益不足。

需要补充说明的是：

帛书乙本首句是"曲则全、汪则正"，说明乙本誊写者缺乏生活常识积累，按照自己的理解自以为是甄别誊写，乙本全书多处如是问题，因此，敝人决定本解注以甲本为基准。

第十四章 五色使人目明 五味使人口相

五色使人目明①，驰骋田猎使人心发爽②。难得之货，使人之行方③，五味使人之口相④，五音使人之耳聋⑤。是以聲人⑥之治也，为腹不却色⑦。

故去罷（néng）耳此⑧。

传世本（12）：五色令人目盲，五音令人耳聋，五味令人口爽，驰骋畋猎，令人心发狂；难得之货，令人行妨。是以圣人为腹不为目，故去彼取此。

解注：

因为甲本首句的"明"和尾句"故去罷耳此"文字清晰，与乙本的"盲"和"故去彼而取此"具有颠覆性的差别，乙本存在明显篡改。虽然乙本中间文字相对完整，但与甲本的"明"和"故去罷耳此"存在严重逻辑悖逆，因此，需要对甲本不能辨识的文字仔细推敲。

①明：帛书甲本为明，乙本为盲。根据光学知识，古代把

46

光分为青、黄、赤、白、黑等五种颜色，五色叠加合成后为明亮的白色，甲本为"明"，符合科学常识。

②心发爽：驰骋田猎几乎是所有男人的最爱，并且是冷兵器时代代步备战练兵的重要方式。乙本"心发狂"像是年迈老太太的观点。

③行方：方的甲骨文 ，本义是人类生存空间的边界处。

商朝末期卜辞中经常出现"方国"，"行方"就是走到了领地边上。狩猎者为了猎获珍禽异兽，甚至到适合狩猎环境的领地边境或方国去围猎和贸易。从甲本全书来看，作者是提倡分工合作、交流贸易的。

④口相：相，从木从目，本义是眼睛盯住木仔细观察；甲本该字为"口+相"，因味道丰富而仔细品尝。

⑤聋：本义是司管人间的天龙的耳朵。因听到人间太多的声音，甲要种田祈祷下雨，乙要行路祈祷天晴，龙不可能响应所有人的祈祷，显得有点迟钝，但兼听则明，需要综合所有声音做出更恰当的判断，与我们现在的一般理解差距蛮大。

⑥聋人：善于倾听民意的领袖。在音乐方面的民意是什么？当然是制作材料廉价的管弦乐器和民歌了，也就是孔子极力反对并提倡禁止的"郑音"了。

⑦为腹不却色：作者并未完全排斥五色、五味、五音及难得之货，"色"作为上述的代表，不却色，才是正常的民意。

⑧去罷耳此：与传世本不同，帛书出现了关键字"罷"，对"罷"和"此"这两个字的正确理解是读懂本章的关键。

"罷"这个字也不符合汉字发展表意越来越细腻，汉字越来越多的趋势规律，莫名其妙的失传了，后人用"罢"作为它的异体字，显然是有故事的。从组字方式来说，"什么都能的器皿"，那就是交响乐队的总乐器呀。

敝人推测"罷"就是河南方言里的"罷（néng）器"，也就是现在说的编钟。"罷器"在河南方言里是"显摆但不实用"的意思，常说某某物品罷器得很、某某人罷器得很。

当时的青铜器被称作"金"，编钟的制作成本很高，铸造后还要求符合一定的音律，成品率当然很低。这是编钟逐渐被淘汰的主要原因，也是帛书作者认为应该去除的乐器。

耳，听。后面章有"去皮取此"和"去被取此"，"耳"与"取"，作者分别使用，不能简单等同。

"此"的甲骨文 ，本义是随行的背篓；这里是伴随大众的乐器。当然是制作材料便利的"竽""笙"等管弦乐器了。《诗经·国风·周南·关雎》中即有"窈窕淑女，琴瑟友之"。

译文：

青、黄、赤、白、黑五色复合而成白光，使人眼睛明亮；

骑马奔跑竞逐、驰射田猎，纵横驰骋让人身心发爽；

稀有的远方出产的物品，促使跨境交流、促进边贸活跃；

酸、甘、苦、辛、咸五味给人口腔抚慰，细品细享受；

宫、商、角、徵（zhǐ）、羽五音奏响，使人可以像天龙一样倾听欣赏各种声音。

正确的圣人之治呀，除了满足温饱，还需要让出孕育文化的土壤和文娱生活的空间，文化是民族的血脉，是人民的精神家园。

因此，放弃罷器那样复杂昂贵的金石乐器，让耳朵听到"竽""笙"等管弦音乐或许更好，制作成本低廉便于携带最能贴近大众。

（下一章作者明确提出"乐与饵，过格止"。）

补充解读：

罷与周朝雅乐

周武王建立周朝不久，就命周公姬旦制礼作乐，建立各种贵族生活中的礼仪和典礼音乐，使音乐为其王权统治服务。这一部分乐舞就是所谓的"雅乐"。雅乐以钟、磬为主，是金石之乐。雅乐表演时，舞人俱进俱退，整齐划一，闻鼓而进，击铙而退，文武有序，音乐和谐，气氛庄重。罷（编钟）是雅乐的典型代表。

而以制作材料廉价的"竽""笙"等管弦乐及声乐，有溱、洧之水，男女聚会，讴歌相感，为民间所喜爱，统称为郑声，子曰"郑声淫"。

　　"淫"的金文大篆 ，本义是说，像有一只手把立于土中的人诱拐进河沟里。

　　作者提出"去罢耳此"，可谓石破天惊。

第十五章　执大象 过格止

执大象①，天下往。往而不害，安平太②。乐（yuè）与饵③，过格④止。故道之出言也，曰：谈呵⑤，其无味也；视之，不足见（jiàn）也；听之，不足闻也；用之⑥，不可既也⑦。

传世本（35）：执大象，天下往；往而不害，安平太。乐与饵，过客止。道之出口，淡乎其无味，视之不足见，听之不足闻，用之不足既。

解注：

①大象：前文有大象无形，表示道，宏达格局的道。

②安平太：安，平安；平，平等、太，同"泰"，本义为风调雨顺，引申为政治清明。

③乐与饵：音乐和美食。

④格：度，法度，规矩，底线。

⑤谈呵：本章关键字，甲本明白无误写作"谈"，谈呵，谈谁呢？可理解为谈论"道"，也可理解为谈论"持大象的聲人"。

本人琢磨多年，不能定夺。今把上面的解读都写出来，存疑，设立一个争论点吧。

⑥用之：用，象形字，甲骨文字形，象桶形。本义为环抱、触摸。

⑦既：尽、用尽、完成。

译文：

谁能秉持宏大且客观公正的"道"，普天下的人们便都来与他交往。往来而不互相伤害，于是，大家就安详、平等、政治清明、风调雨顺。

音乐和美食，享受也应当适度，过了一定的度，便须节制。

如果用语言来形容神秘的道呀：尝它一口，哇塞，它没有任何味道呀！瞄它一眼，哎哟，躲哪里了？屏住呼吸听听，哎——睡着了，咋没有动静呢？但是享用它的福报啊，受益却是无穷无尽的。

（因此，如果用合乎道的话来描述持大象的它呀：谈论它呵，没有什么奇闻异事呀；看到它呵，没有什么特别表现呀；听它讲话呀，也没有什么值得特别记忆的；想托关系求它，它也不会特别关照谁呀！）

第十六章　道 天下神器也 是以聲人去大 去楮

将欲取天下而为之①，吾见其弗得已。夫天下神器也，非可为者也。为者败之，执者失之。物或行或随②，或炅或硰（cuǒ）③，或培或撴（wěi）④。是以聲人去甚，去大去楮（chǔ）⑤。

传世本（29）：将欲取天下而为之，吾见其不得已。天下神器，不可为也，不可执也。为者败之，执者失之。是以圣人无为，故无败，故无失。夫物或行或随，或觑或吹，或强或羸，或挫或隳。是以圣人去甚、去奢、去泰。

解注：

①取天下而为之：取，会意字，从又，从耳。甲骨文字形，左边是耳朵，右边是手（又），合起来表示用手割耳朵。古代作战，以割取敌人尸体首级或左耳以计数献功。

本义：割天下之道的耳朵而另外搞一套。

②或行或随：行，有直行和独行两种解释；随，通椭，有群居和椭圆旋转两种解释。

③炅（热）或硅：炅，有发热和热血两种解释；硅，本义是象石头坚硬冷冰，也有人解释为刮风。

④或培或撱：培，土、土性、培风、乘风；撱，抛弃。

⑤楮：造纸术产生以前，楮树的皮被用来书写，祭祀时焚烧称为楮币、楮钱。

译文：

想要割天下之道的耳朵而另外搞一套，我预判他们是不会成功的。因为天下之道是大自然的产物，是神设计的先于天地而生的事物，是不可以替代的。想用强力另外搞一套，执念的人一定会失败。

天下万物，有直行的又有椭圆旋转的，有独行又有群居的，有发热的又有冷冰的，有热情洋溢的，又有冷血无情的，有强硬的又有软弱的，有飞的又有水中游的，各有各的道。（人的肉体最终就是应该分解消失的，人到了阴间也不会使用阳人世造的楮钱的。）

所以聖人要去除自大，去除砍树制作纸钱、焚烧纸钱的陋习。

第十七章　道恒无名 楃唯小 天下弗敢臣

　　道恒无名^①，楃^②，唯小，而天下弗敢臣^③。侯王若能守之，万物将自宾^④。天地相谷^⑤，以俞甘洛（露）。民莫（mù）之令而自均^⑥焉。

　　始制有名^⑦。名亦既有，夫亦将知止（趾）^⑧，知止所以不殆^⑨。俾（bǐ）道^⑩之在天下也，犹小浴之与江海也。

　　传世本（32）：道常无名，朴虽小，天下莫能臣也。侯王若能守之，万物将自宾。天地相合以降甘露，民莫之令而自均。始制有名，名亦既有，夫亦将知止。知止可以不殆。譬道之在天下，犹川谷之于江海。

　　解注：

①名：命名、定义。

②楃：会意字，从木、从尸、从一，从至，至的甲骨

文。

楻，指植物动物的"一"已经初期萌发。

③弗敢臣：臣，使之服从。这里是说没有人能修改他使命。

④自宾：自将宾服于"道"，自律、自觉，客气，不添麻烦。

⑤天地相谷：谷，甲骨文 谷 ，水汽循环。

⑥自均：自然均匀。

⑦始制有名：从缔造伊始，就给各种"有"安排制定了名分。

"名"的甲骨文 叩 ，名分，"朝"的甲骨文 卽 ，它们的右半部相同，都是初始的意思。名，初始时就隐含的代表个体特征性状的本质属性，类似于人的灵魂。因此，古人珍视"名"胜过自身肉体。

⑧止：同"趾"，脚；脚趾头；驻足、存在。

⑨殆：危险、濒危。

⑩俾道：俾，形声字，从人，卑声，在道面前，人是卑微的、渺小的。俾道，人所知的道。

译文：

"道"永远没有明确的概念或定义，表示植物动物的"一"

已经初期萌发的"楎",虽然微小,甚至不能被看见,但是天下没有谁能篡改他的使命信息。侯王如果能够依照"道"的原则治理天下,天地万物必将自律自觉自生自然地归从于他。天地间启动水汽循环机制,就会降下甘露,人们不必要求,它亦会自然均匀。万物一开始,就依从一定的秩序或顺序,有了各自的生物使命、地位或名分。有生物使命地位名目或名分之后,它也就知道哪里最适合自己驻足生存,知道哪里最适合驻足生存,它就不会产生生存危机。我们人所晓得的道与天下隐含的道比,就如小溪之与江海也。

补充解读:

尾句"犹小浴之与江海也",可以使我们对《道德经》里的"欲神"有一个更合理的推测推论——无水不成浴神。

第十八章　无私 成就天长地久

天长地久，天地之所以能长且久者，以其不自生也①，故能长生。是以聲人退其身而身先，外其身而身存。不以其无私與②？故能成其私。

传世本（07）：天长，地久。天地之所以能长且久者，以其不自生，故能长生。是以圣人后其身而身先，外其身而身存。非以其无私邪？故能成其私。

解注：

①不自生也：本章仍然在赞美"道"、赞美"一"。

作者受年代局限，认为天地都是有使命的，都是由一种看不见的"道"推动并维持运行的。

"天之道，猶张弓者也"一章中，把人称为"天者"，作者认为与天地同生的人类也是有使命的，但是太多的人抛弃了使命而行自私自利之事。但是聲人不会，有强烈的使命感在支持支撑着他。

②舆：本意是车厢、车，这里同反问语气词"与"。

译文

天长地久，天地之所以能长久存在，是因为它们都是有使命的，都是由一种看不见的道推动并维持运行的，所以能够长久生存。因此，有强烈使命感的圣人，遇事谦退无争，反而能在众人之中领先；将自己置于度外，反而能保全自身生存。难道不是因为其有强烈使命在身，公道没有私心吗？因此，更可以成就其私誉（好名声）。

第十九章　飘风不能冬朝 同於洗 道亦失之

希言自然①，飘②风不冬③朝（zhāo），暴雨不冬日。孰为此？天地［同于道矣，德亦同于道］④！故从事而道者同於道，德者同於德，洗⑤者同於失。同於德，道亦德之；同於洗，道亦失之。

传世本（23）：希言自然。故飘风不终朝，骤雨不终日。孰为此者？天地。天地尚不能久，而况于人乎？故从事于道者，道者同于道，德者同于德，失者同于失。同于道者，道亦乐得之；同于德者，德亦乐得之；同于失者，失亦乐得之。信不足焉，有不信焉。

解注：

承接上一章，不能违背自然之道另外搞一套。作者本章继续阐述施政之道。

①希言自然：希，会意字，从巾，从爻（yáo），"巾"，巾帛，"爻"，像针线文字交错。本义：在巾帛上书写刺绣。

希言自然，分析议论自然现象。

②飘：《说文》飘，回风也。……盘旋而起。中原地带旋

风的特点是常发生在夏季暴热天气。后面的暴雨亦如此。

③冬：甲乙本均如此，冬与终，都是古字，冬甲骨文像房

间内一只眼睛，如图 ，亦像把太阳罩起来。终甲骨文

是一根两端打结的绳子。

④天地［同于道矣，德亦同于道］：括号内甲本缺，敝人

补之。乙本为：天地而弗能久，又况於人乎。

⑤洗：帛书甲本为"者"，为老不尊曰"者"，意思是淫

洗、放荡、放纵的人。如：冯梦龙《桂枝儿·者妓》——看你

者到何时了？《水浒传》——娼妓之家，讳"者、扯、丐、漏、

走"五个字。

"老"本意是拄拐杖的人；"考"的本义是被人搀扶的人，

同"爹"；"者"的本义是在青铜器上刻字的匠人。

甲骨文"老" ，金文"考" ，甲骨文"者" 。

"者"与"老"在字源上没有关系，但有人用"耂+日"

造出一个字，从隶书开始代表匠人的者与污造的"耂+日"混

用。该字义现在不常用，污造的字通"洗"，本书选用"洗"。

译文：

分析讨论一个自然现象，旋风为什么不在冬天出现，暴雨

为什么也不在冬天出现。谁要它这样的呢？因为天地同于道

矣，德亦同于道矣。

所以，从事规章制度构建的人要遵循于道，从事道德构建的人要遵循于德，一些上年纪的人做事淫泆放纵就同于失去了道。同于德的人，道也乐于得到他；同于淫泆的人，道也不会眷顾他。

补充解读：

1. 帛书乙本把"者者"替换成了"失者"，少了针对性。

2. 中原地区的"飘风"，网络上的报道：

2016年5月2日下午，濮阳县渠村乡韩村庙会上，一个儿童游乐气垫被旋风刮起，正在上面玩耍的十几个孩子随着气垫被一起卷走，从场地上一直刮到旁边的麦田里，气垫床被风刮起大约有一棵大树那么高。一个孩子受伤躺在麦田里。目击者说，已经造成多名儿童不同程度的受伤，受伤严重的一名小朋友腰都断了。

2016年6月11日，洛阳气垫滑梯被风刮翻致多名儿童跌落。据现场的两名目击者介绍，当晚9时40分许，当地突然从西向东刮起一阵旋风，风速极快，仅持续几秒钟时间，游乐场内高约4米的气垫滑梯被大风刮翻，另一块气垫床被刮入游乐场东侧的中州渠内。当时，气垫滑梯上有数十名儿童正在玩耍。有市民报警后，消防官兵和义务搜救队队员下入中州渠内搜索，防止有儿童跌入中州渠内。

第二十章 功述身芮 天之道也

持而盈之，不如其已①；短而兑之②，不可长葆也。金玉盈室，莫之守也。贵富而骄，自遗咎（jiù）③也。功述④身芮⑤，天之道也。

传世本（09）：持而盈之，不如其已。揣而锐之，不可长保。金玉满堂，莫之能守。富贵而骄，自遗其咎。功成身退，天之道也。

解注：

承接上一章，阐述同一个主题，及时完成权利稳定交接，功遂身退，天之道也。

①已：金文 ![己], 止, 甲骨文更形象，表示停止妊娠，羊水已破，婴儿要出生，引申为流掉、散去；停止。

②短而兑之：短，帛书为"掘"；

兑，甲骨文 ![兑], 会意字，从人，从口，八象气之舒散。短而兑之，结合本章结语"功遂身退"，是指接班人，苗儿还未出土就不得不扒开土要其承担风雨和重任。

③咎：过失，罪过。

④功述：甲本为述，乙本为遂，传世本是"成"。如图，述和遂在字源上基本一样的，述的金文 ，遂的金文大篆 。

⑤芮：形声字，从艸，内声，本义为草初生的样子。

译文：

持有很多财富，不如适时散去；持有权利一直不放，不如适时停止；显露锋芒，锐势难以长久保持；苗儿还未萌芽，就匆匆扒开土要其承担风雨重任，基业难以长青。金玉满堂，难以守护得住；如果富贵到了骄横的程度，那是给自己留下了祸根。道理讲过了，事情用心用功做了，就应无悔身退，给苗儿自然成长并经过一些风雨历练，才是符合自然规律之道呀！

补充解读：

即便是乙本的"功遂"与传世本的"功成"在含义上也是有很大差别的。

《广雅·释诂》注释，遂：往也；《说文》注释，遂：亡也。所以把"功遂"等同于"功成"是不妥的。

　　道家提倡不留名。道家修功，虽然也追求功成，但也讲究天时地利，道理讲过了，工夫用过了，尽力了，就身退。而且道家的"工"更多花在自然上，更多地体现在恢复修复自然状态的"工"。

　　但在儒家看来，对功名的追求是构成人生的基本内核与不懈动力，儒家讲成功、成名，讲个人社会等级提升的建功、名成、身退，天之道。但因为坚持结果导向或者成功的目的性太强，会有不择手段或者虚伪、虚假行为产生。

第二十一章 知人者 知也 人本性之道

知人者知也①。

自知者，明也；朕（zhèn）②人者有力也；自胜者，强③也；知足者，富也；强行④者，有志也。

不失其所⑤者，久也；死而不忘⑥者，寿也。

传世本（33）：知人者智，自知者明。胜人者有力，自胜者强。知足者富，强行者有志，不失其所者久，死而不亡者寿。

解注：

①知人者知也：作者本句给自己心目的"知"下了个定义，完整的句子应该是"知人之道者知也"，"人之道"，即后面第二十五章所说的"损不足而奉有余"。

作者认为，当时社会上把"知礼者"称为"知"，是严重的荒谬，因为"礼"的活动中财富的流向是"不足→有余"，后面章直接说是"盗杅"；"绝（礼）学无忧"和"以知知邦邦之贼也"；其中的"知"，指的是知礼者。

②朕：甲骨文如图 ，实为舟字旁，缝隙、弥合缝隙。《考工记图·函人注》——舟之缝理曰朕。朕人者有力也，说明作者认为弥合人与人之间的分歧非常了不起，这大概是自秦朝嬴政开始皇帝独享"朕"的原因。

③强：刚强、果决。

④强行：克服困难、克服阻碍或者惰性而坚持行动，砥砺前行。

⑤不失其所：不迷失"道"。

⑥死而不忘：帛书写作的时代，死和殁是两个不同的概念，死，极，甚，已经接近殁但还没有殁，濒死。浴神不死一章有详解。

忘，从字源上说，心里面认为亡了，本义为盼望其亡，诅咒其亡。

译文：

能了解、认识人类社会运行规律的才能称作"知"呀！

能认识、了解自己才算明了；能够弥合众人分歧从而团结一致的才算有力；能够战胜克服自己缺点的才算顽强；知道满足的人才算富有；克服困难、克服阻碍或者惰性，而坚持力行努力不懈的就是确有志向。

不偏离道的发展趋势的观念才能长久；人老了，不被盼着快快死亡，长寿才有意义，才是真正的长寿。

点评：

因为最后一句，本篇显得极为精彩，阐述人应该正确客观地认识自己，要让自己的行为、理念符合道，不要成为历史发展的阻碍。一个人如果还没有亡，就被盼着赶快亡，那就不是长寿，长寿也没有意义。

同时，也在提醒圣人们，知人、选好接班人，智也。

第二十二章　贵以身为天下 殡葬与用人之道

龙辱若驚①，贵大梡（kuǎn）若身②。苟谓③龙辱若驚，龙之为下，得之若驚，失［可］④若驚，是谓龙辱若驚。何谓贵大梡若身？吾⑤所以有大梡者，为吾有身也，及吾无身，有何梡？故贵为身於为天下⑥，若可⑦以拓天下矣；爱以身⑧为天下，女可⑨以寄⑩天下。

传世本（13）：宠辱若惊，贵大患若身。何谓宠辱若惊？宠为下，得之若惊，失之若惊，是谓宠辱若惊。何谓贵大患若身？吾所以有大患者，为吾有身，及吾无身，吾有何患！故贵以身为天下，若可寄天下；爱以身为天下，若可托天下。

解注：

本章秘钥：作者本章对当时社会一个严峻尖锐的问题——厚葬之风，提出了自己的看法，把殡葬观念与挑选接班人挂钩。

①龙辱若驚：龙，远古传说，龙生九子，因结交不良，没有一个长成"龙"形，全部奇形怪状。辱，受辱、受到控制；

若，甲骨文 ，本义是祭拜、祈祷，跪拜、依从、尊重。

驚，惊悚（sǒng）的烈马、诡异的邪兽。

龙辱若驚，龙子受控制，遵从、依从驚马一样的邪兽。

②贵大梡若身：贵，珍贵、重视、珍惜；大梡（kuǎn），本是河南方言，上等棺材棺木、埋藏丰厚的墓冢，现在成了流行词，指奢靡的暴发户；贵大梡若身，重视上等大棺木棺材、豪华墓冢以维护保护肉身。

③苛谓：勉强称作。苛，小草。

④失［可］：失去尊严分寸。括号内甲本无法辨识，散人根据上下文补之，可：斧柄、权柄、地位尊严、可汗。

⑤吾：我们。帛书用字非常清晰，"五口吾"代表我们，作者本人用"我"字。

⑥故贵为身於为天下：贵，在道家看来，符合自然的、客观的为贵。贵为身，用客观态度对待身体。

为天下，为，治理。《小尔雅》——为，治也。《世说新语·排调》——诸葛瑾为豫州。又如：为国（治国）；为政（治理国家；执掌国政）。

⑦若可：能力非凡祭天的领袖。可：斧柄、权柄。

⑧爱以身：以，用、凭借、仗恃。如：《韩非子》——富

国以农，距敌恃卒。

爱以身，用身体成就自己的爱。如果这里的"身"是自己的身体，那就是感情用事不爱惜身体；如果是百姓群众的身，那就是"视生命如草芥"。根据上下句判断，这里是自身。

⑨女可：普通女人、普通人。可：斧柄、权柄。

⑩寄：依附、依靠、寄生。

译文：

龙辱若驚，贵大梡若身。

勉强造个词"龙辱若驚"。远古传说，龙生九子，却受控制遵从、依从驚马一样的邪兽。为了满足私欲，依从驚马一样诡异的邪兽，甚至不惜失去尊严去讨好，结果没有一个长成龙形继承父志，这就叫做龙辱若驚。

何为贵大梡若身？我们普通人之所以想有奢华的墓冢，是因为我们首先想维护、保护自身的肉体；如果我们能够客观看待客观对待身后肉体，我们还需要棺材墓冢吗？

所以，能够用客观态度对待自身及身后肉体，把财富用于天下民生，以这样的境界开拓事业，就是能力非凡的祭天领袖；用感情厚爱自身，把财富用于自己上好的棺材和奢华的墓冢，这就是寄生依附于天下的普通人而已。

补充解读：

关于厚葬及冥界之事，作者是坚决反对的，作者在后面章明确提倡俭葬、薄葬、俭啬，反对大梡殡葬。作为道家学派的创始人，其观点可以从庄子的一段典故得出注脚。

庄子临终前，发现弟子们在商量准备厚葬自己。庄子说："我用天地做棺椁，用日月做双璧，星辰做珠玑，万物做殉葬，有什么比这个更好呢？"

弟子怕庄子死后，尸身被鸟兽破坏，庄子却说："在地上会被鸟雀、老鹰吃掉，在地下会被蝼蚁吃掉，从鸟雀、老鹰那抢过来给蝼蚁吃，为什么这么偏心呢？"

原话是："在上为乌鸢食，在下为蝼蚁食，夺彼与此，何其偏也！"

第二十三章　道泛呵 以其不为大 故能成大

道泛呵①，其可左右也，成功遂事，而弗名有也。万物归焉而弗为主，则恒无欲也，可名於小。万物归焉［而无］②为主，可名於大。是以聲人之能成大也，以其不为大也，故能成大。

传世本（34）：大道泛兮，其可左右。万物恃之而生而不辞，功成而不有，衣养万物而不为主，常无欲，可名于小；万物归焉而不为主，可名为大。以其终不自为大，故能成其大。

解注：

现代科学界有句名言，我们地球生物都是基因的奴隶，生物体只是基因的载体，基因通过生物体实现了自身进化、发展的目的。

老子那个时代不知道有基因说，但是老子敏锐地发现生物繁衍生长一定受一种看不见的"道"控制着。

这个看不见的道，太伟大了，忍不住要赞美它、荣耀他。

①道泛呵：泛，本义为漂浮，广泛、弥漫。

②［而无］：括号内甲本无法辨识，敝人补之。请读者品鉴。"无"，名万物之始也，万物被缔造前就已经存在的、无形的，又能维持运转运行的神秘机制。

译文：

大道泛呵弥漫流淌，左右上下无所不在。万物依赖它生长而不避辞，完成了功业，办妥了事业，而不占有名誉。它养育万物而不自以为主，好像一直没有参与的意识，可以称它的作用很小；万物归附而又都受缔造之前就已经存在的、无形的、又能维持运转运行的神秘机制，也就是"无"所主宰，可以说它真正的使命或作用却很伟大。所以，圣人之所以能成就伟大，是因为他不自以为伟大，反而能成就真正的伟大。

第二十四章 天下之所恶 唯孤 寡 不穀

天下之所恶，唯孤、寡、不穀①，而王公以自名，也②勿或（yù）③损之而益、益之而损。故④人之所教，夕⑤议⑥而教人。故强良者⑦不得巧⑧，我将以为学父⑨。

传世本（42）：……人之所恶，唯孤寡不穀，而王公以为称。故物，或损之而益，或益之而损。人之所教，我亦教之。强梁者不得其死，吾将以为教父。

解注：

①孤、寡、不穀：孤，幼年死去父亲或父母双亡，孤儿；

寡，金文 ，单人居屋；穀，形声字，从车，本义为车轮中心的圆木，周围与车辐的一端相接，中有圆孔，可以插轴。不穀：不能加入圈子，独遗于圈子之外。

②也：象形字，甲骨文是一个人面向盛满水的器具的长发背面形象，本义为影像、影子、样子，照着水看样子。用在句

首作动词，依据××做、依据××而办理。现在中原方言或口语中仍然常用这样的表达。只有也用河南方言来解读，逻辑才通达无碍。

③勿或：勿，本义是迎风的旗帜，表示运动中的状态；

或（yù），会意字，甲骨文字形从口（象城形），从戈（以戈守之）。表示以戈卫国，本义为国家。通"域"。

④故：帛书作者用词严谨，古、故用途非常清晰，此故意也。

⑤夕：晚些时候，可译作"后面章"。

⑥议：议论、辩证分析。因为作者思考得更深远，天之道如此，人之道，作者另外有见解，后面的章会有辩证分析。

⑦强良者：河南方言，固执己见的人。

⑧巧：传世本为"死"，帛书甲本疑似"巧"或"死"，从作者所具有的平和自然心态去推测，本书做"巧"解注。巧者，巧妙、诀窍奥秘也，通"窍"。

⑨学父：教学的例子、教学的样板。

译文：

人们所厌恶的，就是生活在孤、寡或不团结和善的环境中，而王公们却自嘲地用这样的字眼来称呼自己。

因为循环运转中的域内事物折损后会迎来益处、获益后会迎来折损，有人就故意折损自己。

我后面章会对此开展辩证分析阐述教人。固执己见的是悟不到诀窍的。我把后面章说的道理作为认知世界的基本原则。

补充解读：

老子居于东周首都洛阳，尹喜任职的函谷关位于洛阳西部西北磁涧镇柴湾村附近，河南方言"也"和"强良"在《道德经》中出现实属正常，用河南方言解读"也勿或损之而益"，本章逻辑就通达无碍。

第二十五章　人之道 需干预 马太效应

天之道，犹张弓者也：高者印①之，下者举之，有馀者损之，不足者补之。故天之道，损有馀而益不足。人之道则不然，损不足而奉有馀。孰能有馀而有以取奉於天者②乎？唯有道者乎！是以聖人，为而弗有，成功而弗居也③。若此，其不欲见（xiàn）贤④也。

传世本（77）：天之道，其犹张弓与！高者抑下，下者举之；有余者损之，不足者补之。天之道，损有余而补不足。人之道则不然，损不足以奉有余。孰能有余以奉天下？唯有道者。是以圣人为而不恃，功成而不处，其不欲见贤。

解注：

本章讲述的社会现象与西方知名的马太效应惊人的一致。

社会经济学上的马太效应（Matthew Effect），是指好的愈好、坏的愈坏、多的愈多、少的愈少的一种现象，即两极分化现象。来自圣经《新约·马太福音》中的一则寓言："凡有的，还要加倍给他，叫他有余。没有的，连他所有的，也要夺过来。"

帛书作者认为减少两极分化现象极端化，有利于社会安定，符合"道"。

①印：会意字，甲骨文字形，左是手爪，右像跪着的人，合起来表示用手按人使之呈跪拜状。传世本为"抑"，意思类似。

②有以取奉於天者：有，与无对应，这里指社会体系，有以取，通过社会管理机制获取。天者，作者认为每个人与天地一样，是神缔造的，这个概念，是社会托底的道德基础。

③为而弗有，成功而弗居也：成功而弗居，干什么成功？显然是通过一些规则的设计，让强势获取的一方受一定规则的限制，达到平抑贫富差距的效果，而不是直接的劫富济贫。这样成功了也不居功。

④贤：分贝曰贤。人性都是自私的，分贝，会造成自己财富减少，即"贫"。唯如此，才称为"贤"。《庄子·徐无鬼》——以财分人谓之贤。

译文：

自然界的规律，很像张弓射箭呀，箭射高了就需要压低一些，射低了就需要抬高一些。射高了减低一些，射近了就抬高一些。因此，自然界的规律，是减少有余的补给不足的，（所以可以采用无为之策，自然界自会修复。）但是人间社会自己发展的结果却往往不是这样，是减少不足的，来奉献给有余的人。也就是穷的更穷，富的更富。

谁能够在社会整体有余的情况下，通过社会机制把有余补给天下不足的人呢？每个人都与天地一样，是神缔造的呀！只有有道的人通过一些规则的设计，让获取受一定的限制，达到平抑贫富差距的效果，而不是直接的劫富济贫，成功了也不居功，遵从这样的做法，也不用自己直接捐钱捐物显现贤能。

点评：

《道德经》绝不是无为之学！

第二十六章　行大道贵不言 百姓谓我自然

太上，下知有之①，其次，亲誉之，其次畏之，其下母之②。信不足，案有不信③。猶呵，其贵言也④。成功遂事，而百姓谓我自然。

传世本（17）：太上，不知有之；其次，亲而誉之；其次，畏之；其次，侮之。信不足焉，有不信焉。悠兮，其贵言。功成事遂，百姓皆谓"我自然"。

解注：

①下知有之：这里的"下"是动词，如下面条、下饺子、下功夫、下网捕鱼等。"知"，即前面章定义过的"知人之道"的知。"有"，如前文所注解，和"无"相对，指物质事物或社会体系。之：走、运动。下知有之，把人之道融会灌注到社会体系的运行运转之中。

后面章节有"道者万物之注也"来呼应。"下"和"注"异曲同工，基本是一个意思。

通过对本句解读可知，本章表述的是不同群体对道的态度。

②母之：说其软弱，认为其作为微弱。

③信不足，案有不信：信，会意字，从人，从言。人的言论应当是诚实的，本义是真心诚意。信不足，案有不信，诚意、诚信不足，于是彼此都没有诚信。（还有另外一种理解，能够验证道存在的现象不明显，见译文2）

④猶呵，其贵言也：意思是向自然抢功。自伐者无功。

译文1：

特别高明的管理者，会把人之道融会贯通于社会事务之中。而稍微次一点儿的管理者，就通过亲近百姓，称誉、赞誉百姓来获得治理；再次一些的管理者，对百姓充满了畏惧，认为百姓像洪水一样莫测，在畏惧中小心翼翼地管理人民；最差一等的管理者，认为百姓软弱，能量有限，不重视、不上心。

诚意、诚信不足，于是彼此都没有诚信。谨慎啊！不要向自然抢功，俗话说自伐者无功。应该珍惜你的言语，因为百姓会说本来就应该这样自然地完成的。

译文2：

特别高的智者，会把道融会贯通在社会事务之中。而稍微差一点儿的管理者，就亲近道，称誉道是个好东西，可以给人带来巨大的益处。再下一等的人，对道充满了敬畏，他们像敬天神一样地敬畏道，还没有开悟。再差一等的人，就认为道的作用很小，不需要那么玄乎了吧！

　　能够验证道存在的现象不明显，于是他们才不信的。谨慎啊！应该珍惜并精炼你的言语，少说话，因为即使你成功完成了事情，那些不懂道的百姓来也只会说本来就是这样自然完成的。不是你的功劳，也不是道的作用，只是顺应了自然而已。

第二十七章 恒德乃足 为底层扶助托底

知其雄，守其雌①，为天下溪。为天下溪，恒德不离。恒德不离，复归於婴儿。知其日，守其辱②，为天下浴。为天下浴，恒德乃足。恒德乃足，复归于楃③。知其白，守其黑④，为天下式（轼）（shì）⑤。为天下式，恒德不忒（tè）⑥。恒德不忒，复归于无极⑦。楃，散则为器⑧，圣人用则为官长⑨，夫大制无割⑩。

传世本（28）：知其雄，守其雌，为天下溪。为天下溪，常德不离，复归于婴儿。知其白，守其黑，为天下式。为天下式，常德不忒（tè），复归于无极。知其荣，守其辱，为天下谷。为天下谷，常德乃足，复归于朴。朴散则为器，圣人用之，则为官长（zhǎng）。故大制不割。

解注：

《道德经》章章论道，本章论什么呢？论官长之道。

①知其雄，守其雌：知，很多情况下通"智"。智其雄，智慧地利用权力，守护好普通大众。

②知其日，守其辱：日，指太阳或太阳照到的地方，这里可做政策福利讲。辱，被控制、被统治。

③椹：会意字，从木、从尸、从一，"至"的甲骨文 ，椹，指植物动物的"一"已经初期萌发。

④知其白，守其黑：结合此段后面的"轼"，"白"这里是已经开荒、开发之地。黑，没有开发的森林草甸。黑的金文 ，会意字从"十"从大头，一脸懵懵不辨东西南北，枝叶划拉全身。

⑤式：同"轼"，古代车厢前面用作扶手的横木。延伸为能够给人类带来潜在的好处的资源。

⑥忒：过失、差错。

⑦无极：极，八荒之处高耸入天的木柱。无极，擎天木柱的初始胚胎胚芽以及孕育擎天木柱无限资源潜力的土地。后面章有"天固之极"，在八荒之处支撑稳固天庭的柱子。古代传说天边有擎天大柱，被吴承恩借用入了《西游记》。孙悟空见到擎天大柱就误认为是到了天边，撒泡尿写上"到此一游"，不曾想却是如来佛手指头变的。

⑧椹，散则为器：椹，隐含道的原理技艺等；器，器物，指万事万物。

⑨官长：官的甲骨文 ，著名学者杨树达（1885 —1956）

先生在《积微居金石论丛》中说："官指地，非指人，几云校官或云学官者，无不指学舍而言。"所以官长应当是一处宫殿、一处官府的后勤总管。当一驾马车或者汽车成为其最重要的后勤物件时，这个"司"长（司机或者车夫）就会兼任官长。即官长等同于"司长"或车夫。或者从从字源来说："官"是"馆"和"倌"的本字，通假"馆"和"倌"。

⑩大制无割：通篇都在论道、颂扬道，这里的"大制"指"被总结发现的注入事物的技艺"。无割：共享。

后面两章提出了"技艺有偿传授"，扩大服务业的具体构想。

译文：

智慧地利用权力，守护好普通百姓，为天下底层人着想；为天下底层人着想，恒德不离，回到婴儿般单纯的社会状态。

智慧地运用社会福利，守护好黎民大众，为天下幼弱的底层托底；为底层托底，恒德乃足，使得幼弱能够享有自然萌发之初所必须有的生存条件。

智慧地对待开荒开发，守护好没有开发的森林草甸，为天下潜在的资源更充足；为天下潜在的资源更充足着想，恒德不忒。不会有过失遗憾，恢复到资源不会穷尽的状态。

生活中已经被发现的技艺，扩散开来就可以形成生产力。圣人招募雇佣，可以找到成为官员的倌长（善行者无辙迹）。

所以充满智慧的技艺应该被用来交流共享而不是割下私藏。

补充解读：

古代车夫（驾御马车的士卒，又称御卒）为什么重要？请看三个历史典故：

一、春秋时期，宋国的车夫羊斟。春秋时期，郑、宋交战，宋国大将华元为了鼓舞士气，宰羊煮汤犒赏将士，所有的人吃到了喷香的羊肉汤，华元却偏偏忘记了自己的车夫羊斟。第二天，开战在即，华元刚坐上战车，羊斟驾驶着战车就往郑国军阵里冲，华元大惊：老羊，你这是喝酒上头了？这是去送人头啊？羊斟愤怒地说："昔之羊羹，子为政；今日之事，我为政"，开车带华元冲到了郑国军阵里，结果华元被俘虏，宋国大败。

二、秦朝末年，陈胜的车夫庄贾。陈胜早年有"苟富贵，勿相忘"的誓言，没想到成了气候之后就犯了古代帝王的通病，最后因为骄傲自大导致秦朝兵马反扑，陈胜大败，在逃跑途中气急败坏，不断怪罪的车夫庄贾，庄贾很生气。前208年，庄贾将陈胜杀死，而由陈胜建立的"张楚政权"顷刻土崩瓦解！

三、英国国王理查三世的车夫。公元1485年8月下旬，"博斯沃思战争"爆发，理查三世的战马需要更换马蹄铁，于是命车夫牵着战马去铁匠那里更换，当打完第三颗钉子时，发现没有钉子了，铁匠说：我得再打造一颗钉子，这样才能给战马钉全蹄铁。这个车夫脾气暴躁，就大声吼叫，太慢了，三颗钉子就可以了，于是，不等铁匠说话，车夫就匆忙把战马牵走了。8 月 22 日早晨，战争爆发，理查三世御驾亲征，骑着战马左冲右杀，威猛无比，正当"万马战犹酣"之际，突然理查三世的战马马失前蹄，一头栽倒，将理查三世摔下马背，原来战马那只钉了三个钉子的马蹄铁掉了，战马打了个滚跑了，理查三世就惨了，不仅摔断了老腰，而且被亨利的士兵围上来砍死了。

第二十八章　道者万物之注也 善人之宝也

　　道者，万物之注①也。善人②之宝也，不善人之所保也。美言③可以市，尊行可以贺人。人之不善也，何弃之有？故立天子，置三卿，虽有共之璧以先四马④，不善⑤坐而进此。古之所以贵此者，何也？不谓求以得，有罪以免与，故为天下贵。

　　传世本（62）：道者，万物之奥，善人之宝，不善人之所保。美言可以市尊，美行可以加人。人之不善，何弃之有？故立天子，置三公，虽有拱璧以先驷马，不如坐进此道。古之所以贵此道者何？不曰：求以得，有罪以免邪（yé）？故为天下贵。

解注：

①注：被注入、被灌入。

②善人：就是下一章所说的"善行者""善数者"等。

③美言：精美的秘诀知识讲义。

④共之璧以先四马：赐予荣誉和礼物，首先就是驷马车，

共的金文 ，本义为共享美酒；

璧的金文 从人从口从辛从王，本义为王赐予的荣誉或礼物，后来特指环形的美玉。

四马，四匹马拉的车，《周礼》规定天子驾六，三卿诸侯驾四，四马又称驷马，是很高的待遇规格。

⑤不善：不善行，不善于驾驶。

译文：

内在运作机制之"道"啊，万事万物都有被自然注入呀！它是善于总结学习的人的就业之宝，是不善于总结学习人的拦路虎啊！精美的秘诀知识讲义可以交易呀，喜欢哪个行当你就可以花钱去学习呀！人即使没有一技之长，又怎么可以被市场抛弃呢？您看在天子即位、设置三公的时候，虽然有共享美酒和赐予礼物，但首先是赐予驷马的颁授仪式，但是如果驾车者笨拙使唤不动马匹，那些卿大夫也只能坐上车往前进几步做做样子。古代驾车这个职业供不应求，为什么呢？因为不是在社会上招聘的，来源只有那些犯法的人来抵罪的，反而造成了驾驶员这个行业人员的紧俏吃香。

第二十九章　物无弃财 贵师之道

　　善行者无辙（chè）迹[1]，善言者无瑕谪（xiá zhé）[2]，善数者不以筹策[3]。善闭者无串籥（yuè）[4]而不可启也，善结者无纆（mò）约[5]而不可解也。是以聲人恒善怵[6]人，而无弃人，物无弃财，是谓曳明[7]。故善人[8]，善人之师；不善人，善人之赍（资）[9]也。不贵其师，不爱其赍（资），唯知乎大眯[10]，是谓眇要怵[11]。

　　传世本（27）：善行无辙迹，善言无瑕谪，善数（shǔ）不用筹策，善闭无关楗（jiàn）而不可开，善结无绳约而不可解。是以圣人常善救人，故无弃人；常善救物，故无弃物，是谓袭明。故善人者，不善人之师；不善人者，善人之资。不贵其师，不爱其资，虽智大迷，是谓要妙。

解注：

　　[1]善行者无辙迹：者，本义是青铜器上刻字的匠人；辙迹，新碾出的辙迹。

　　[2]瑕谪：过失、缺点、疵病。

③筹策：古时人们用作计算的器具。

④串篇：串，甲本为"门内+串"；篇，特制的小竹片或竹条；串篇，即现在的钥匙。

⑤纆约：绳索。约，指用绳捆物。

⑥怵人：救人，纠正。例：知其心，然后能救其失。——《礼记》；救正（纠正）；救弊（匡除纠正弊害）；救奢（纠正奢靡）；救过（纠正过失）。

⑦曳明：曳，甲本还多个竖心旁。都明白的道理。

⑧善人：善行善数善闭等手艺高的人。

⑨赍（资）：甲本为赍（jī）、乙本为资。赍：拿东西给人，送给。

⑩唯知乎大眯：唯知，从帛书全书所反映的情况可以判断，当时社会上有一种误区，只把礼学知识作为知识。本句意思是：唯一把礼学知识提倡推广，其实是大大的糊涂。

⑪是谓眇要：是，正确的；谓，做法；眇，从"目"从"少"，按照中医典籍，男孩 16 岁以下为小，16 岁起为少，此时撒尿喷射最远，男孩成长发生的质变让人目瞪口呆。是谓眇要，正确的做法是重视这些能够引起质变的诀窍、机巧工艺技术。

译文：

善于赶车的，不会留下新辙迹；善于言谈的，不会发生语疵；善于计数的，用不着竹码子；善于锁闭的，不用栓梢而使人不能打开；善于捆缚的，不用索结而使人不能解开。因此，圣人善于纠正教习人，所以没有学不会的人，所有东西都可物尽其用，因为学习、练习有诀窍、有"道"。

故手艺高超的人，应该成为教人的老师，手笨的人，应该出资去学习。不敬重匠人的知识价值，不倡导学习工匠精神，只把礼学知识当知识推广，其实是大大的迷糊呀！正确的做法是重视这些能够引起质变的诀窍、机巧工艺技术！

补充解读：

中国传统社会不尊重工艺技艺的经济价值，不认为里面有诀窍，欧阳修借《卖油翁》藐视善射者，说"无他，唯手熟尔"，扼杀了工匠精神，不利于社会的发展。

善数者，是擅长"应用数学"者。甲骨文中有"一，二，三，四，五，六，七，八，九，十，百，千，万"这十三个数码，商朝已有四则运算，在世界上最早发明了完整的十进制。

殷商之后，周朝将"数"作为君子六艺之一，春秋时期，人们已经普遍地掌握了十进制的计数方法，九九乘法口诀、整数四则运算和分数，且可以轻易使用"算筹"这种计算器进行运算。

在甘肃天水距今 8000—4800 年的大地湾遗址中，考古发现了四件非比寻常的陶器，体积分别为 264.3 立方厘米、2650.7 立方厘米、5288.4 立方厘米、26082.1 立方厘米，除了一件大约是两倍倍增之外，其他三件大约都是十倍倍增。从陶器体积倍增的规律来看，4800 年前，中国古人就已经掌握了不俗的算术与几何知识。除了陶器之外，考古还出土了很多商朝之前的庞大的城池遗址，这就进一步佐证了商朝之前中国的数学水平。

第三十章 上善治水 善利万物而有净

上善治水①。水善利万物而有净（zhēng）②，居众之所恶（wù）③，故幾（jī）於道矣④。居善地，心善瀌（sù）⑤，予善信，正善治⑥，事善能，动善时。

夫唯不净，故无尤。

传世本（08）：上善若水。水善利万物而不争，处众人之所恶，故几于道。居善地，心善渊，与善仁，言善信，政善治，事善能，动善时。夫唯不争，故无尤。

解注：

①上善治水：提高民生、改善民生就要治理水。上，提高、拔高，善的金文和大篆 ![金文善][金文善]，有羊、分羊，民生也。

帛书甲本是治水，乙本是如水。因为下句甲本乙本都是有净，那么毫无疑问原著应该是"治水"。

治的金文大篆 ![金文治]，本义是治理水，后面章也有出现。

②有净：甲本"有争青"，乙本是"有争"；故甲本乙本都是"有争"的意思。

水争，同"净"，本义是暴雨后弥漫的水，因为水如果不能得到可靠治理，就会有摧古拉朽之势。

灾的甲骨文 ，水堵也，金文中出现的 ，表示火灾、篆书栽包含"戈"与"火"，表示兵灾，其后三字合一为灾，现在的灾是再简化的结果。

③居众之所恶：恶，繁体字为恶，汉字意思变迁的很多，如果按照组字法，恶这个字有"在众人心里居次要位置并有所害怕忌惮"的意思。

④故幾於道矣："幾"这个字不宜用简体字"几"，用简体字容易与"几乎"联想产生异意。"幾"的本义是器物或器物的内在机理或属性。幾於道，字面意思是排水沟沿道路布设，也可以理解为，水的内在机理最符合道呵。

大河孕育人类文明，水是生命之源。世界最著名的古老文明都在大河流域。君主或者部落首领带领百姓迁徙挑选宜居佳地，乃至帅军安营扎寨，都不能远离水。

⑤心善瀟：瀟，水深而清澈。心善瀟，心里面要谋划得清清楚楚不能含糊。

⑥正善治：正，政之古字，古代众人聚居区最大的政，就是以护城河为纽带的排水系统。

本章秘钥：除了上面的争与静的误导，传世本还多了一句
"言善信"，把整个文章逻辑都搞乱了，把水资源合理利用的治
水之道，歪诱变成了修心之道。

译文：

改善提高民生最重要的事情是治理水。水特别有利于万物
生活、生存，但暴雨成灾也会威胁人类安全，使其治理改造筑
围在居民区外次要的位置，最符合水资源合理利用的"道"。

选择最利于民生（方便用水）的地方，需要克服水患恐惧
心理谋虑深远。需要蓄水的时候要能够可靠利用降雨聚留，排
水系统要能够可靠归治，生活取水、用水要能够方便取到，需
要泄洪的时候要能够根据季节及时实施。

如果水资源能够得到妥善治理消除对人的威胁，就没有什
么可忧患的了。

补充解读：

做好水资源的综合利用，不仅是最大的善政，表现出了《道
德经》积极作为的一面，同时，扩大基建设施建设，吸纳底层人
就业，也是为底层托底的一个重要手段。

作者比凯恩斯早两千年多年创立了"凯恩斯主义"。

1936 年凯恩斯的《就业、利息和货币通论》（简称《通
论》）出版。书中主张国家采用扩张性的经济政策，通过增加需

求促进经济增长。即扩大政府开支，实行赤字财政，刺激经济，维持繁荣。被现代经济学界尊称为"凯恩斯主义"。

法治与法制的辨析：

法治：治的本义是治水，那么，法治就是以疏导为核心要义，强调人民主权、法律平等、权力制约和人权保障等，也就是强调法的适宜性、合理性等价值内涵。是以良法为要义的司法体系。

法制：只是"法律和制度"的简称，制的右半部为竖刀，后面章有"有德司契无德司彻（chè）"，更偏重法律的形式化方面，只强调法的有无。帝王专制时代也有法，但只维护统治者的极端利益，是人治的白手套。

第三十一章　溯因求解 是谓微萌

　　将欲拾之，必古①张之②；将欲弱之，必古强之；将欲去之，必古舆之；将欲夺之，必古予（yǔ）之。

　　是谓③微明（萌）④。

　　传世本（36）：将欲歙之，必固张之；将欲弱之，必固强之；将欲废之，必固兴之；将欲夺之，必固与之，是谓微明。柔弱胜刚强。鱼不可脱于渊，国之利器不可以示人。

解注：

　　本章是《道德经》中最被污名化、最被人诟病、最被人误解的一章。有人据此说老子是伪君子、阴谋家。其实，这比窦娥还冤，一是因为传世本后面添加的两句非常突兀，明显是在恶意误导；二是因为一个关键字"古"被篡改了。

　　①古：帛书甲本和乙本都是"古"，本义是之前、原来。

　　做动词词性时是：搞清楚原来、搞清楚之前，有"何故""为何"的意思。

即使被传世本替换成了"固"，但是"固"仍然有作"何故""为何"的例句。如传世本《庄子·天地》中的一段文字，"夫明白入素，无为复朴，体性抱神，以游世俗之间者，汝将固惊邪"？因为这句话先后文字表意清晰，即使古被篡改成了"固"，仍然无可辩驳的有"为何""何故"的意思。因此被《说文解字》和《新华字典》收录，固，"为何""何故"讲"。

甄别完这个字，本章的伟大和精彩就无法遮掩了。

②拾之、张之：拾，形声字，从手，从合。本义，捡取并合拢。张：展开、铺开，如纲举目张。

③是谓：正确的方法是。

④微明：微的甲骨文 两个人在给一个人认真地梳理头发；明通萌；微明，分析研究初始萌发阶段。

译文：

（国家从安静祥和走向纷争战乱，许多人都在问怎么办？）

解决难题需要方法：想要合拢它，必先研究它之前怎么展开的；想要削弱它，必先研究它之前怎么强大的；想要去除它，必先研究它怎么长成的；想要夺取它，必先研究之前怎么给予它的。

（总结）正确的方法就是要分析研究初始萌发阶段。

补充解读：

帛书按照本章的方法论进行分析后，帛书作者提出了一系列
解决问题的办法，请读者接着往下看。

第三十二章　不上贤 使民不争 使民不乱

不上贤①，使民不争；不贵难得之货，使民不为盗；不现可欲，使民不乱②。是以聲人之［云曰③，绝其学④，实其腹，达其志⑤］，强其骨。［恒］使民无知无欲⑥也，使［夫有恒则］⑦，弗为⑧而已，则无不治矣。

传世本（03）：不尚贤，使民不争；不贵难得之货，使民不为盗；不见可欲，使民不乱。是以圣人之治，虚其心，实其腹，弱其志，强其骨。长使民无知、无欲也。使夫知不敢、弗为而已，则无不治矣。

解注：

［　］内的字，甲本无法辨识。

①不上贤：帛书甲本乙本均清清楚楚地写作"不上贤"。与传世本对比，上与尚，一字之差，含义迥异。

上，是拔高的意思。"上"与"尚"一字之差，使得本段从社会管理学的"雄文"，变成了"痿歌"，遗害中华民族性格和文化两千年。

不上贤，有四层意思。

第一，不拔高君王高管等贤人的特权待遇。中国儒生引经据典给汉高祖刘邦提议后宫规模和数量，后世皇帝后宫人数越来越多，有的多达数千人。皇帝所享受的特权造成中国政权更迭或皇位血腥争夺战。

第二，不拔高贤人事迹，不做虚假宣传；实事求是地评价。

第三，不拔高贤人的评判标准，拔高了易出伪君子。

贤：形声字，从贝，《庄子·徐无鬼》——以财分人之谓贤。不上贤，不要迫人捐款。

拔高贤人标准，社会道德水准反而下降。春秋时期，鲁国有一个法律，如果鲁国人在其他国家遇见鲁国人沦为奴隶，可以用钱赎回奴隶，回国后到国库报销，能得到一倍奖赏。孔子的弟子子贡在国外赎回一位鲁国奴隶，事后不去报销并到处显示自己的道德高尚。结果导致此后鲁国人出国再遇到鲁国人被卖作奴隶时就不再赎买，使得更多的鲁国奴隶无法得到赎回。

第四，贤人本身也是富人，不上贤，有不崇拜富人、不提倡拜金主义的意思。

②不贵难得之货，使民不为盗；不见可欲，使民不乱。

物以稀为贵，但如果不去刻意提倡或炒作，老百姓就不会趋之若鹜。就如同虫草、燕窝、熊掌、鱼翅、龙虾等山珍海味，营养价值本来一般，就是普通的蛋白质或者脂肪。西方发达国家不炒作，很少有人去尝试，价格稀松平常。在中国却价值连城，引诱着一些人高山刨雪、五洋捉虾，强取之心甚胜。

贵：昂贵，使之贵，炒作。

见：通"现"，出现，显露。此是显示，炫耀的意思。

可欲：引起贪心的事物。可，会意字，从口，从丂（供神之架），表示在神前歌唱。在神面前嘚瑟歌唱，敝人认为超大规模的后宫是引诱"矢口之人"欲望作起的"可欲"之一。

③云曰：依从自然之道说。甲本缺，但作者借圣人说话用"云曰"几乎成了固定搭配。比乙本"之治"更契合。

④绝其学：甲本缺，因上句有"贤"，下句有"知"，都与礼学有关，后面有一章有"以知知邦邦之贼也"，还有一章说"绝学无忧"，"绝其学"无违和感。

⑤达其志：志，心愿所往，走动的自由。甲本缺，因为有一章说"毋闸其所居"，乙本"弱其志"与全书思想背离。

⑥无知无欲：知，德篇中有明确，为礼知也，无知，远离知不受礼知侵害。无欲，无违法则之欲，无造反之欲。

第二种解释供参阅：甲本此处的"无"，是前面作者定义过的，简写的"无"，万物之始的无。"无知""无欲"，也可解释作探索宇宙演进等自然科学的知识和爱好了。

⑦使［夫有恒则］：括号内甲本缺，敝人认为，后面章有罪行法定的"恒则"表述，甲本本意应该是"使［夫有恒则］"。

104

乙本：使［夫知不敢］：敢。其文字含义变迁也比较大，

会意字，早期文字如图：

一个人的形象，跳入陷阱和刀枪利刃之上，盲目的勇敢、自杀式样的勇敢，是冒险的意思。

⑧弗为而已：弗，动词，象形字。甲骨文字形，中间像两根不平直之物，上以绳索束缚之，使之平直，本义是矫枉。弗为，谨慎的、有选择的矫枉行为。

译文：

不拔高君王大臣等贤人的特权待遇，使民不争相效仿；不炒作奇珍异物，使民不生盗取之心；不散布歪理邪说，使民不乱。让百姓回归朴素的进取观、财富观和人生观。远离礼学，填饱肚腹，旅行自由，增强筋骨体魄。最主要的，使人不受礼学侵害，遵纪守法，把精力用在对自然科学和技术艺术的探索研究上。让普通百姓知道哪些是不能冒险的，哪些是有意义的，哪些可以做，哪些不宜做，有恒定的法则，审慎选择，那么天下就不会不太平了。

补充解读：

不上贤，不拔高君王高官等贤人的特权待遇，使民不争。

中国自汉朝尊儒、儒家又秉持拔高君王待遇的法宝以来，王

朝更迭频繁、更加血腥残酷；通过上贤尊王逢迎获得职位晋升享受更高特权待遇，成了封建官宦的指导准则；千年来对人性的浸淫使得传统帝王专制制度越来越像一个大染缸，绝对的、不受约束的权利，是制度腐朽千年固结和朝代变更必然血腥无情的主要原因。

不得不说两千多年前的著作"太具有前瞻性了"。

第三十三章
鱼不脱于渊 君子众日行 不远离辎重

重为轻根，清为趡君①。是以君子众日行②，不离其辎（zī）重③。唯有环官④，燕处则昭若⑤。若何万乘（shèng）之王而以身轻于天下⑥？轻则失本，趡则失君，↓↓（箭）弱胜强⑦，鱼不脱于渊。

传世本（26）：重为轻根，静为躁君。是以圣人终日行不离辎重。虽有荣观，燕处超然，奈何万乘之主，而以身轻天下？轻则失本，躁则失君。

传世本（36）：……柔弱胜刚强，鱼不可脱于渊……

解注：

本章是作者为战国时期的君主提供的应对战乱策略之一。了解了帛书作者的写作环境，就很好理解了。

①重为轻根，清为趡君：轻，《说文》——本车名，轻车

也，这里指的是轻装奇袭部队；趣，指军队拉锯之地。全句意思是：京畿重地是应对轻骑偷袭的根本；清净安宁是避开乱军的首选。

这里暗指一件事情，本书后面章节有专门论述，1976 年陕西临潼县零口镇出土了一件"利器"，记载了纣王离开京畿重地赴"有事"的朝歌，被周武王利用卧底派轻车精准"恬袭"，在某一个早晨斩首了纣王，结束了战斗。这件事情因周朝毁灭历史痕迹，现在不为大众所知悉，但在当时的周朝贵族中间，肯定不是秘密。

商周真正的大战以及武王的平叛，都发生在纣王被斩首后，提请历史爱好者留意辨析历史文献，篡改的历史总会留有痕迹。

②是以君子众日行：帛书甲本为众，乙本为终。按照常理，作者绝不可能说君主"终日行"终日行走，而应该是"众日行"，意思是率领众官组织国家行政机构的日常运行。

③不离其辎重：辎重，传统解释为车辆的载重，也就是行李备品。从上下文判断，本书认为应该是代表君主尊严的行宫，也就是京畿重地。

④环官：本义是负责信息收集的官员，职责是向君主提供情报信息。

⑤燕处则昭若：燕处，安静、祥和、休闲的生活。昭若：心里像日月一样明了，享受阳光。

⑥以身轻于天下：君在位重于天下，君失位轻于天下。全句暗指君王遭遇不测而失位。

⑦↓↓（箭）弱胜强：↓↓，甲本就是两个长箭头顶到一横线的符号；

强的金文大篆 彊 ，强的本义是弓弹组合。作者无意中说明了弓箭的发明史，先有弓弹组合，后有弓箭组合，箭杆淘汰了弹丸。

本章秘钥：后面章节帛书作者有"其出弥远，其知弥少。是以圣人不行而知"。本章首句又隐晦提出当年周朝的立国之战，建议君主以天下为重，不亲自远行，而是通过专门的信息采集系统来掌控天下局势。

译文：

京畿重地是应对轻骑偷袭的根本；清净安宁是避开乱军的首选。因此君主率众官组织国家行政机构日常运行，不宜离开首都行宫重地。依赖专门设置的环官，由他们收集信息，及时向君主提供，君主休闲放松中，也能像日月一样明了局势。为什么拥有万乘军队的大国君王会遭遇不测而失位呢？忽视轻装特种作战会动摇国家根基，君主涉身犯险就会失去对政局的控制。箭离不了弓，鱼不能脱于深渊。

补充解读：

除了商朝末年商纣王帝辛离开京畿重地赴"有事"的朝歌被周武王恬袭斩首外，秦始皇如果能读到原版《道德经》，不远行巡视，也许传位之事可以得到稳妥处置，就不会酿成"二世即亡"的历史遗恨了。

第三十四章　不以兵强於天下 善者果而已矣

以道佐人主，不以兵强於天下，其事好（hào）还①。师之所居，楚朸（lì）②生之。善者果③而已矣，毋以取强焉。果而毋骄，果而勿矜，果而勿伐，果而毋得已居，是谓果而不强。物壮而老，是谓之不道，不道蚤（早）已④。

传世本（30）：以道佐人主者，不以兵强天下，其事好还。师之所处，荆棘生焉。大军之后，必有凶年。善有果而已，不敢以取强。果而勿矜，果而勿伐，果而勿骄，果而不得已，果而勿强。物壮则老，是谓不道，不道早已。

解注：

①其事好还：还，还报、报应、循环。

②楚朸：楚，楚的甲骨文 〖甲骨文字形〗，金文 〖金文字形〗，金文大篆 〖金文大篆字形〗。

楚，俗名铁篱寨，落叶灌木，刺坚硬，自底横生荆刺，高可达五六米，密植可用作围墙，家畜鸟儿皆不能穿过，学名也叫构橘。朸，木的纹理缝隙，这里指人心里的仇恨裂痕或战争创伤。

　　③果：果，成功之意。指达到获胜的目的。

　　④不道蚤（早）已：蚤通早，很快；已，完毕、完结。

译文：

　　依照"道"的原则辅佐君主的人，不以兵力逞强于天下。纵兵行恶这种事必然会得到报应。军队所到的地方，荆棘横生，大战之后，一定会出现荒年，战争的创伤会渗入人的心里，虽历久也难以愈合。善于悟道的人，只要达到用兵的目的也就可以了，并不以兵力强大而逞强好斗。

　　达到目的了不要骄傲自满，达到目的了不要自以为是，达到目的了也不要自我夸耀，达到目的不要占有别人的东西。总的来说就是达到目的却不显示淫威逞强。事物过于强大就会走向衰朽，宣威逞强不合于道；不合于道的，就会很快完结死亡。

兵史故事：

　　郦食其（lì yì jī）被烹杀的历史悲剧

　　郦食其是秦末楚汉时期刘邦的部下，是中国历史上的著名说客。

　　少年家贫，爱好读书，担任陈留门吏，孤傲不驯。秦二世元年（前209年）秋天，刘邦攻打陈留时，率众跟随，献计攻克陈留郡和贡献大批军粮，被封为广野君，以三寸之舌游说列国，为刘邦建立灭秦抗楚"统一战线"做了重大贡献；出面劝降秦国守将，辅佐刘邦攻破武关，率先攻破咸阳，灭亡秦朝。楚汉相争时期，建议夺取荥阳，占据敖仓，夺取有利据点和粮食补给，为日后逆转形势、反败为胜奠定了基础。

奉命出使齐国，劝齐王田广以七十余城归顺。大将军韩信为了争功，用武力突袭已在归顺交接途中的齐国，导致郦食其被齐王田广烹杀，时年65岁，归葬于雍丘（今河南省杞县）。

刘邦平定英布叛乱后，破例封其子郦疥为高粱侯。

吕后以此事件为首要借口夷灭韩信三族。

第三十五章　授之欲名之椢 夫将不辱

道恒无名，侯王若守之①，万物将自爲②。爲而欲［作］③，［吾将闐④之以］无名之椢（wò）⑤。［闐之以］无名之椢，夫将不辱。不辱以情⑥，天地将自正。

传世本（37）：道常无为而无不为，侯王若能守之，万物将自化。化而欲作，吾将镇之以无名之朴。镇之以无名之朴，夫将不欲。不欲以静，天下将自定。

注释：

①守之：即遵守道。之，指道。

②爲：甲骨文 从手、从眼、从身；甲本本字是"爲+心"，上下结构，意思是用手、用眼、用心去做。

③欲作：欲指贪欲，欲作，贪欲发作，"成就欲"，想干事。暗指造反、不臣之心。

④闐（tián）：充满、填塞。

⑤无名之椁：椁，除了前面章说的，从木、从尸、从一，

从"至"（甲骨文 ），意思是植物动物的"一"已经初期萌发。

椁，还有另外解释，《周礼·巾車》——翟車有椁。翟車，古代后妃乘坐的以雉羽为饰的车子，椁，也许有女眷的意思。

无名之椁，新领域做事的机会或虚职、虚名、美女等。因为"欲作"就是成就欲。

⑥不辱以情：辱，会意字，本义是耕作，意思是侮辱、使……受辱、受控制、面子受损等。情，人性，人的情感，帛书甲本特别重视情，这里表明政治活动也要讲人性。

译文：

道一直没有明确的概念和定义，侯王如果能够在治国理政时顺从道，则天下万物将依自然而努力作为。在作为的过程中，一些人慢慢地随着世俗程度的渗透，就会不断萌生超出其本分或者能力的欲念，我们可以赐予一些做事机会满足成就欲，或赏赐名义上的椁（虚职或生活用品）来满足他的虚荣心。用一些满足其成名欲望的椁来满足他的成就欲或虚荣心，夫将不辱，避免了各种难堪的后果与局面，并动之以情，用人性情感慢慢感化他，如此，天地也必将因此而自然归正。

补充解读：

帛书甲本为楃，乙本为朴，传世本也是朴，用道的真朴来压制各种欲念，可操作性太差。无名之楃，可以理解为刚萌发的事物、高大的虚职、丰厚生活赏赐等，也许还有软禁、隔离的意思，大概都是非暴力手段。

第三十六章　兵者不得已而用之 铦袭为上

夫兵者，不祥之器也。物或（yù）恶（wù）之[①]，故有欲者弗居[①]。君子居则贵左，用兵则贵右。故兵者非君子之器也。兵者不祥之器也，不得已而用之，铦（tiǎn）袭[②]为上，勿美也。若美之，是乐杀人也。夫乐杀人，不可以得志于天下矣。是以吉事上左，丧事上右；是以偏将军居左，上将军居右，言以丧礼居之也。杀人众，以悲依立之[③]；战胜，以丧（sāng）礼处之。

传世本（31）：夫佳兵者，不祥之器。物或恶之，故有道者不处。君子居则贵左，用兵则贵右。兵者，不祥之器，非君子之器。不得已而用之，恬淡为上，胜而不美。而美之者，是乐杀人。夫乐杀人者，则不可以得志于天下矣。吉事尚左，凶事尚右。偏将军居左，上将军居右，言以丧礼处之。杀人之众，以哀悲泣之，战胜，以丧礼处之。

解注：

本章秘钥：一是要正确理解"左"和"右"。

左的金文 右的金文 ，左手夹带棍棒，右手辅以口。

中国传统文化称左为激进、右为保守；还有左、右站队的习惯性表达。

二是正确理解多次出现的"居"，不同的语境意思也会有细微差别。

①物或恶之："炊者不立"一章已解注。物，甲骨文 ✦ 本义是牛车插旗运动中。

或，会意字，甲骨文字形从口（象城形），从戈（以戈守之）。表示以戈卫国，本义为国家，通"域"；引申为自然界、世界。自己以外的人或跟自己相对的环境：如物议（群众的批评）。待人接物（他人）。

物或恶之，运行中的自然界讨厌这种行为方式。

②铦袭：持锋利的兵器突然袭击。"铦袭"与传世本的恬淡有本质的区别。用之则废，指的就是传世本的"恬淡为上"。

③莅之：到达、到场。

译文：

兵器呀，是不吉祥的东西啊！运行中的自然界讨厌这种行为方式，所以喜欢用兵的人不要轻易用它。君子之事贵在开放激进一点，用兵之事贵在保守保留一点。军事也，不祥之物呀，不是君子的首选，只有在不得已时才会使用。

用则以精锐之师出其不意的精准打击为上策。

　　不要美化战争，美化战争就是嗜好杀人，嗜好杀人者是不可能得志于天下的。吉祥的事情可激进些做，凶丧的事情要保守做。一般的将军常常站在激进用兵的一边；上等的将军一般站在保守用兵的一边，并说要以筹划丧礼的方式，把各个阶段、各个环节都准备周全，慎重对待用兵。战事杀人多呀，要以悲悯的心态对待它。战胜了，要以丧葬的礼仪来对待双方的死难者。

第三十七章　悟道不惧孤独

　　唯与诃^①，其相去几何？美与恶^②，其相去何若？人之所畏，亦不可以不畏人。恍呵其未央哉^③！众人熙熙，若鄉（飨）于太牢^④，而春登台。我泊焉未佻（兆）^⑤，若婴儿未咳^⑥。累呵如无所归。众人皆有餘^⑦，我独遗。我愚人之心也，渻渻（hún）呵。俗人昭昭，我独若昏呵。俗人蔡（察）蔡（察）^⑧，我独闷闷呵。沕（mì）呵其若海，望（恍）呵其若无所止。众人皆有以^⑨，我独顽以悝（俚）。我欲独异于人，而贵食（sì）母^⑩。

　　传世本（20）：绝学无忧。唯之与阿，相去几何？善之与恶，相去若何？人之所畏，不可不畏。荒兮其未央哉！众人熙熙，如享太牢，如春登台。我独泊兮其未兆，如婴儿之未孩。傫傫（lěi）兮若无所归。众人皆有余，而我独若遗。我愚人之心也哉！沌沌兮！俗人昭昭，我独昏昏；俗人察察，我独闷闷。澹（dàn）兮其若海，飂（liù）兮若无止。众人皆有以，而我独顽似鄙。我独异于人，而贵食（sì）母。

解注：

有一句格言，要么庸俗，要么孤独。即使两千多年后的今天，要想读懂《道德经》也是不容易的。想当年，作者在构思创作的过程中，估计和陈景润思考哥德巴赫猜想的情形差不多，一定是不凑热闹、废寝忘食，一定忍受了巨大的孤独和误解。作者用自嘲的语气写了这篇骈俪文章，非常形象精彩，展现了作者风趣幽默的一面。留意本章出现的"我"，与其他章节的"吾"不同，即指作者本人；往篇中出现的"吾"，五口人，是众人，也就是我们。

①唯与诃：唯，恭敬地答应，这是晚辈回答长辈的声音；诃，怠慢地答应，这是长辈回答晚辈的声音。唯的声音低，诃的声音高，这是区别尊贵与卑贱的用语。

②美与恶：美，作善；恶，作丑解。即美丑、善恶。

③未央：未尽、未完。

④太牢：天子举行社稷前把牛、羊、猪事先圈养着，谓之太牢。此句为参加丰盛的宴席。诸侯社稷皆少牢，只有羊猪没有牛。"社"是土神，稷"是谷神。

⑤我泊焉未佻（兆）：泊，淡泊、恬静。未兆：没有征兆、没有预感和迹象，形容无动于衷，不炫耀自己。

⑥咳：形容婴儿的笑声。

⑦有餘：有丰盛的财货。

⑧蔡蔡：同察察，严厉苛刻的样子。

⑨有以：有用、有为，有本领。

⑩贵食母：作者那个年代多为单字词，食，啖之曰 shí、吸之拟音曰 sì，本处读 sì，吸食、吸收；母，自然界、自然万物。全句意思为，擅长从自然界中总结道理、吸收知识。

译文：

应诺和呵斥，相距有多远？美好和丑恶，相差有几何？人们所畏惧的，不能不顾虑。这风气从远古以来就是如此，好像没有尽头的样子。众人都熙熙攘攘、兴高采烈，如同去参加盛大的宴席，如同春天里登台眺望美景。而我却独自淡泊宁静，好似愚钝、无动于衷，陷入冥思。木讷哦，如同婴儿还不会咿呀发声；疲倦闲散啊，好像浪子还没有归宿。众人都好像有馀，而我却像什么都不足啊。我真是只有一颗愚笨的心啊！像水下的木桩。众人光辉自炫，唯独我迷迷糊糊；众人都那么精明伶俐，唯独我这样淳厚宽宏。恍惚啊，像大海汹涌；恍惚啊，像飘泊无处驻留。世人都有本领、有所作为啊，唯独我顽皮愚昧而笨拙。我唯独与众人不同的是，擅长从自然界中吸收养分、总结道理。

点评：

当前人情活动、聚餐、扯皮会甚多，听到许多满腹才华的朋友，经常在关键时刻被其领导评价说："平常碰面也没有话，经

常不愿意参加集体活动，参加了也少言少语非常消极，不知道他
究竟在想什么。"经常成为二选一的落选者。真正的智力，往往
特立独行，深思之，慎言之，耐得住清贫寂寞，不同流合污。

老子尹喜帛书《道德经》
德 篇 解 注

第三十八章 上德不德 仁 義 禮 辨析

上德不德①，是以有德；下德不失德②，是以无德。上德无为而无以为也，上仁为之［而众］以为也③，上義为之而有以为也④，上禮为之而莫之應也⑤，则攘（rǎng）臂而乃之⑥。故失道而后德，失德而后仁，失仁而后義，失義而后禮。夫禮者，忠信之薄（bó）而乱之首⑦也。前识者，道之华也，而愚之首也。是以大丈夫处其厚⑧，而不居其泊；居其实而不居其华。故去皮取此⑨。

传世本（38）：上德不德，是以有德；下德不失德，是以无德。上德无为而无以为，下德为之而有以为。上仁为之而无以为，上义为之而有以为，上礼为之而莫之应，则攘臂而扔之。故失道而后德，失德而后仁，失仁而后义，失义而后礼。夫礼者，忠信之薄而乱之首。前识者，道之华而愚之始。是以大丈夫处其厚，不居其薄（bó）；处其实，不居其华。故去彼取此。

解注：

①②上德、下德：传世本多了"下德为之而有以为"，纯

属有意误导，德不分上下。先秦古文中，上和下多用作动词。

上：崇尚、拔高。前面章有"不上贤"。后面的"上仁""上義""上禮"中的"上"，都是崇尚的意思。

下：注也，前面章也有。现在有下饺子、下面条的说法。下德，可译作"贯彻德""普及德"。

③上仁为之［而众］以为也：仁，仁的小篆 ，子曰"克己复礼为仁"，克制自己的不满或不方便参加祭奠礼仪等集体活动为仁。仁本身也是会意字，手触地趴跪在地上的两行人，表示有多人参加的集体跪祭活动。与人的甲骨文金文形象 有着明显不同。众：众人，率领众人，前面章有"君子众日行"。括号内甲本不能辨识，为敝人所补写。

④上義为之而有以为也：義，会意字，从我，从羊，"我"是兵器，又表仪仗；"羊"表祭牲。

有，会意字，从又（手）、持肉。德篇中的"有"指动物肉体或植物体。

⑤上禮为之而莫之癒也：禮，会意字，从示、从豊（lǐ），"豊"是行禮之器物或禮金，禮，按照地位高低或血源关系远近奉以礼物礼金，有摊派之意。

癒：帛书是"广"子框，里面与"應"的内部相同，"广"字框与"厂"字框，含义绝对不同，指的一定是心病。

128

⑥攘臂而乃之：帛书甲本乙本均如此，攘，手掌向外出曰推，手背向外出曰攘。攘臂，抱着胳膊向外出。

"扔"字甲骨文已经出现，帛书作者不可能用"乃"通假"扔"。

乃，于是，就。如《聊斋志异》——屠乃奔倚其下。

之：走、去、到。如《为学》——吾欲之南海，何如？

⑦乱之首："禮"的社会行为中是"损不足而奉有余"，过多、过烂的禮颠覆了自然界中"少则得、洼则盈"的自我平衡机制。

⑧厚：厚的甲骨文 🏛 从厂，表示山石深处的本源；薄的金文 🌿 表示河边艾草的花絮；泊的甲骨文 🛶 船停靠岸。

⑨去皮取此：甲本如此，皮的金文如图 🖐，本义是剥取兽皮。乙本为"去罷（néng）取此"，一字之差，放弃简易字"皮"而另外寻找一个复杂的"罷"，暴露了乙本誊写者的观点或者态度，改后的文章前后观点出现明显逻辑悖逆。敝人在帛书全篇中发现多处如是问题，这是敝人决定以甲本为基准的重要原因。

译文：

崇尚"德"的人，（已经把德融入他们的思维以及行为模式中去了，所以他们的内心与举止协调统一，非常自然。）不刻意标榜，所以有德；想贯彻普及德的人处处高喊，时刻处处不离德，是完全不懂"德"。

崇尚"德"的人，不会刻意去表现德，做事自然、淳朴、简单、内在、主动，所以表面上看是没有"德"的痕迹，对事情也没有过多的干涉，实际上是德无时无刻都在运行。

崇尚"仁"的人，要众人配合集体行动；崇尚"義"的人，要奉献大量牲畜以供宰杀；崇尚"禮"的人，要收敛大量的器皿财物，因此，没有不心疼心羔的，于是纷纷抱臂躲开，社会也会因此失道。

失道了怎么办呢？一些所谓的"聲人"开始标榜德，德不服众了又开始倡导仁，仁不服众了开始倡导义，义不管用了开始倡导禮。禮是啥？其实就是忠信淡薄的产物，"禮"的社会行为中是"损不足而奉有余"，过多、过烂的禮，颠覆了自然界中"少则得、洼则盈"的自我平衡机制。是堂而皇之的权力交易，更是大动乱的元凶。那些倡导仁义禮的人，只是抓住了道的表面浮华之物，其实是愚昧的祸首。

所以大丈夫要选择道的自然、淳朴、敦厚的一面，而不要选择道的表面繁华。因此，不要搞什么仁义禮，要选择符合客观自然的"德"，让道在人世间得到完美体现。

补充解读：

德：本章是作者第一次正面论述"德"，德是什么？

从字源上说，德：形声字。从彳（chì），惪（dé）声。从"彳"，表示与行走有关。"彳"在原始文字里三笔划分别是大腿（股）、小腿（胫）、足脚，是一只完整人的腿脚的形象，象征人的步伐、行为，所以从"彳"字旁的字，诸如：征、往、从、循等等，都与步伐、行为有关，这左半部是象征人的行为。右半部"十目一心"就体现出似乎是宇宙本源的观测与想象。

先说中间的"一"字：前面章节已经说过，表示人类望不见、听不见、抿不到而又决定事物性状的神秘之物，在生物就是"遗传物质"。"德"字的右半部"惪（dé）"俨然在细说天体，首先"一"之上的"十目"是指天上，之下的"心"意指地上的动物心，而肉眼是看不见心的，显然指的是诸多神的眼睛。其次"十"字的原始含义是由"一"分东西，"｜"分南北，四面八方再加立体的上下，完整的"十方世界概念"体现在这简单横竖二划之中，所以"十"字就有具足、完整、全方位的意思，"十"代表完美圆满之数，也许就是我们常说的"十全十美"的来源。

所以"德"的含义是：包括人在内的动物所做的符合"神缔造万物时的意志"的行为，就叫"德"。神的缔造分为四大类，分别是道、天体、地球和王（地球生物之和），帝的意志就是使他们和谐共生，越来越好。

第三十九章　使我挈有知 盗杕 非盗也哉

使我挈（qiè）有知^①也，行於大道^②，唯他是畏^③。大道甚夷^④，民甚好解。

朝（cháo）甚除^⑤，田甚芜，仓甚虚。

服文采，带利剑，厌饮食，货财有馀，是谓盗杕（bā）^⑥。

盗杕，非盗也^⑦哉？

传世本（53）：使我介然有知，行于大道，唯施是畏。大道甚夷，而民好径。朝甚除，田甚芜，仓甚虚。服文采，带利剑，厌饮食，财货有余，是为盗夸。非道也哉！

解注：

①使我挈有知：使，支使、支派。我：指作者本人。挈，通"契"，刻也，确凿无疑。作为东周王朝的守藏室吏，有义务、有条件使作者"我"掌握第一手资料。

②行於大道：指国家运行运转。

③唯他是畏：只有他是最危险的，是国家最大的威胁。

④ 大道甚夷：夷，平坦、简单。大道理非常简单。

⑤朝甚除：除，打扫，朝甚除，朝廷华美干净。

⑥盗杅：盗，会意字，看到人家的青铜器皿就贪婪地流口涎；或者站在金属法器旁感慨陈词。杅，无齿耙，揩货的用具，杅手。盗杅，这是在给搞仁义礼的司仪们画画像吗？

⑦也，象形字，甲骨文是一个人面向盛满水的器具的长发背面形象，本义为影像、影子、样子，照着水看样子。

译文：

我确凿无疑地掌握着一手资料啊，国家运行运转，只有他们是最大的威胁呀。朝廷外观很光鲜亮丽，但是农田荒芜，国库特别空虚呀。却有太多的人穿着锦绣的衣服，佩带着锋利的宝剑，饱餐精美的饮食，赚取大量的财货，他们依靠法物利器揩得盆满钵满，这就是盗杅呀！盗杅，看到人家的青铜器皿就贪婪地流口涎，站在金属法器旁以义以禮的名义感慨陈词，扛着耙子随时准备捞一杅，不是同盗贼一个样子吗！

补充解读：

周礼不但造成了"田甚芜，仓甚虚，天下多忌讳而民弥贫"的现象，而且还造成了中国历史纪年的混乱。

《周礼》规定，天子驾崩需要居三年丧，实为 27 个月左右。子为父、未嫁女为父、妻妾为夫、臣为君，五服之内的亲属都需要服丧居丧。这期间需穿麻戴孝，就是穿未缝合的衣服，不准许参与生产劳动，当然会影响生产、影响耕种。

　　因为周朝采用天子朝代纪年的方式，中间这三年左右就是空窗期，没有年代，也很少记事，因为最大的事情莫过于居丧。后任天子即位还需要占卜，挑选日子，中间到底空窗了多久，今天就很难知道了。前些年国家花巨资立项研究"断代工程"，结论还不完美。

第四十章　故大道废 案有仁義

故大道废①，案②有仁義；知快出③，案有大伪④；六親不
和⑤，案有畜兹⑥；邦家昏乱⑦，案有贞臣⑧。

传世本（18）：大道废，有仁义；智慧出，有大伪；六亲不和，有
孝慈；国家昏乱，有忠臣。

解注：

本章继续阐述分封制下的另外一个弊端现象，王庭冷落。
那些所谓祭祀庆典等仁义活动，都跑到各个诸侯国去搞了，把
利器法物请出来证明权利的正当性。

包括孔子周游列国，唯独没有去周朝的王庭，安有仁义？
"孔子们"是无颜面对的。

①故大道废：废，形声字，从广，房子倾倒之意，大道
废，本意是王庭破败失修冷清，表达的是尊王之道荒废了。

②案：甲本为案和乙本为安，本章有四个连续的"案"
字。与传世本相较，明显被有意删改了。

"案"的含义极为丰富，不仅是双关词，还是个多关词：

本义是方案、提案、案卷；

也可做考查、研求，如词语"案举"（考察并举荐）；

还可做疑问词，表示疑问，相当于"岂""怎么"。中学课文《卖油翁》中有一句：尔案敢轻吾射？《木兰诗》中也有一句：双兔傍地走，案能辨我是雄雌？（古籍中都是"案"而非"安"。）

③知快出：知，半智也。知和智均为古字，比帛书年代更早的楚简《老子》中，智和知两个字泾渭分明。当时自上而下提倡礼学，把知礼者称为知。但帛书作者认为"礼"的财富流向是"贫→富"，是"损不足而奉有余"的祸首。

知快出，由于自上而下倡导的礼学培训，一方面知礼者极快增多；另一方面礼节"知识"也花样翻新，变多、变复杂。

④伪：不真实；伪造；鱼目混珠。

⑤和：在大树枝下有秩序地共同演奏音乐。《尔雅》释乐篇：大笙谓之巢，小者谓之和。笙是传统国乐中为唢呐伴和的吹奏乐器；和的甲骨文"龠木"，其中木字上头延长至龠上面，形似大树枝，后演木为禾；龠即仑，条理、伦次。

⑥畜兹：家畜兴旺，兹，甲骨文 𓎡 或者 𓎡 ，两个并列的豆荚或者葫芦；金文大篆 𓎡 ，两个并列的葫芦。

⑦邦家昏乱：昏，帛书甲本乙本均写作"閽"，意思应该是

邦和家全都乱了。

⑧贞臣：本意是：占卜师。贞，占卜也。

译文：

因为尊王之道荒废了，倡导仁义的方案就出现了，哪里有仁义可言？由于自上而下倡导的礼学培训，知礼者极快增多，所谓的礼学知识也日益花样翻新，滥竽充数的都来了，难道不是滥竽充数吗？亲人反目、内讧，彼此不尊重，老人家需要自己喂牲畜养活自己，哪里有孝慈可言？邦家上下陷于混乱，那些装神弄鬼的大仙就都出现了，哪里去找安邦定国的大臣呢？

历史故事：邦家昏乱，安有贞臣？

五代十国时期的十朝宰相——冯道，他的历史最能印证这句话。

冯道（882年-954年），字可道，瀛州景城（今河北沧州西北）人，五代十国时期的著名宰相，历经四朝十代君王，世称"十朝元老"。

冯道早年曾效力于燕王刘守光，历仕后唐、后晋、后汉、后周四朝，先后效力于后唐庄宗、后唐明宗、后唐闵帝、后唐末帝、后晋高祖、后晋出帝、后汉高祖、后汉隐帝、后周太祖、后周世宗十位皇帝，期间还向辽太宗称臣，始终担任将相、三公、三师之位。

冯道有一首著名的诗《天道》："穷达皆由命，何劳发叹声。但知行好事，莫要问前程。冬去冰须泮，春来草自生。请君观此理，天道甚分明。"

他奉《道德经》为宗旨，修身济世，世事洞明，人情练达。待人真诚，力图维持民生。

公元954年4月，冯道病逝，追封瀛王，谥号文懿。后世史学家出于忠君观念，对他非常不齿，欧阳修骂他"不知廉耻"，司马光更斥其为"奸臣之尤"。

但他在在五代时期因"事亲济民、提携贤良"，却有"当世之士无贤愚，皆仰冯道为元老，而喜为之称誉"的声望。

冯道做了很多利于国家安定、利于民生福祉的事情，也就是做到了爱国爱民，但在贞臣忠君这件事上，真实的历史要复杂得多，值得我们深思。

天福七年（942年），晋高祖石敬瑭病重。他在冯道独自侍疾时，命幼子石重睿叩拜冯道，并让宦官将石重睿抱到冯道怀中，希望冯道能辅佐石重睿即位。石敬瑭病逝后，冯道却与大将景延广商议，以"国家多难，宜立长君"为由，拥立石重贵为帝，是为后晋出帝。避免了国家政权更迭中经常有的血腥动荡，百姓在不知不觉中迎来了改朝换代。他自己也等于放弃了摄政的机会，一切为民生福祉计。

第四十一章　绝聲弃知　绝学禮无憂

　　绝聲弃知①，民利百倍。绝仁弃義，民复畜兹②。绝巧弃利，盗贼无有③。此三言也，以为文④未足，故令之有所属：见（xiàn）素抱朴⑤，少私而寡［禮］⑥，绝学无憂（yōu）⑦。

　　传世本（19）：绝圣弃智，民利百倍；绝仁弃义，民复孝慈；绝巧弃利，盗贼无有。此三者，以为文不足，故令有所属，见素抱朴，少私寡欲；绝学无忧。

解注：

　　①绝聲弃知：聲，作者用词非常准确，聲和聖分得清清楚楚。聲人，就是民望较高，经常发声讲话的人，这里显然是指前面章所说的主持仁义礼的司仪们。

　　知：半智也。知和智均为古字，通过楚简可以对"智"有一个明确的概念，"智"就是懂得周礼的人。但帛书作者认为礼学的智，不是真正的智，只能是"半智"。

　　②绝仁弃義，民复畜兹：

仁，会意字，从人，从二，两行人也，雁阵也。孔子说，克己复礼为仁。克制自己服从礼仪参加祭祀庆典为仁。仁，是众人参加的集体活动。

義：会意字，从羊，从我，"我"是兵器，又表仪仗；"羊"表祭牲。義，奉献牲畜供宰杀祭奠曰義。

畜兹：牲畜滋生变多。

③绝巧弃利，盗贼无有："巧"，指的是"利器"的仿制品，"利"会意字，从刀，从禾，表示以刀断禾的意思，引申为利益、财富，这里指"利器"。盗：会意字，看到人家的器皿就会贪婪地流口涎，看到人家的"利器"就流口水，存心不善。

社会不再尊崇"利器"，对利器垂涎的强盗当然就没有了。

利器：1976年陕西临潼县零口镇出土了一件"利器"，如图：

底铸铭文4行33字如下：

武王征商，唯甲子朝，岁鼎，克昏夙有商，辛未，王在阑师，赐有事利金，用作檀公宝尊彝。

翻译过来就是：周武王征伐商纣王。一夜之间就将商灭亡，在岁星当空的甲子日早晨，占领了朝歌。在第八天后的辛未日，武王在阑师论功行赏，赐给参与战事的功臣们利金（铜、锡等金属），（接受赏赐的这个人）用其为祖先檀公铸造的此祭器，以纪念先祖檀公。

武王（靠内线情报）"恬袭"，一夜之间精准斩首纣王，第八天论功行赏。

周灭商，有点像金国灭北宋，穷国劫掠富国，商朝青铜多，战利品多，赏赐"利金"当然也就多。获赏者利用商国现成的铸造作坊，把"利金"铸造成自己想要的器皿，就叫"利器"。

当时的"利器"数量一定不少。当时有一个专门盗取"利器"和仿制"利器"的人叫"盗跖"，历史上非常有名。

④文：甲骨文 从人、从乂（yì，本义为割草或收割谷类植物），条文、法则，自然逻辑。

⑤见素抱朴：意思是保持原有的自然本色。"素"是没有染色的丝；"朴"是没有雕琢的木；素、朴是同义词。

⑥少私而寡［禮］：括号内甲本无法辨识，乙本"少私而寡欲"。因前面章有为底层托底、推广工匠经验、治水等积极

的欲望。"寡欲"明显不妥，本章抨击的"仁""義""利"都是礼学范畴，故补为"寡禮"。

⑦绝学无忧：绝，停办杜绝；学，"礼学"——"司仪之学"。

憂和忧本是两个不同的文字，憂，从心、从页、从夊（suī），最早见于金文，在战国文字中常以"憂毁"二字一起出现，本义是因丧葬而家破。

忧，《说文解字》和之行也；《诗》曰：布政忧忧。译：从容不迫地行走。忧，从"忄"从"尤"。尤的甲骨文 ，在"又"甲骨文 上面加一横，意思是不需要双手，单手就行，尤其了不起。

忧，单手就OK，非常放松，因不重视要承担过失责任，忧责。

1956年，国家把憂简化为忧，与传统的忧合为一个字。

悠的甲骨文 ，《尔雅》思也，心里牵挂、担心，悠思。

译文：

圣智仁义中的自利性和欺骗性充分暴露，隔绝穷奢极欲的司仪们，放弃那些繁缛复杂的礼学知识，民众可以得到百倍的好处；不要天天搞轰轰烈烈的劳民伤财活动，放弃借助"仁"、借

"義"搞的野蛮杀生，人民安定，畜牧就会恢复；杜绝寻租的"仿制利器"和"利器"，不平衡心理诱发的盗贼也就没有了。

上面的三句话，有人认为逻辑性、理论性不够，现再归纳总结一下。一、百姓保持纯洁朴实的本性，依照朴素的生产优势安排生产活动，就像有无形的手来自动地配置调节资源要素，社会财富就会自然而然地增加。二、圣人要减少获取私誉的心理，降低嫉妒眼馋百姓财富的欲望和礼仪排场。三、抛弃礼義之学就不会出现因丧葬而家破致贫的现象了。

补充解读：

就现在而言，绝巧弃利也有现实意义：

绝的是什么？绝的是投机取巧，弃的是什么？弃的是"不当得利"。社会上的富人很多，没见哪个富人会天天戴着黑面纱上街。但是如果彩票活动开奖了，区区几十万甚至几万的奖金，领奖人却害怕得要命，要戴着黑面罩才敢去领奖。怕什么呢？怕因不劳而获而被盗贼惦记呀。还有一些隐形的盗贼，想要分一杯羹，呵呵。

第四十二章 为禮者 不足以取天下

为学者日益①，闻道者②日云③，云之有云，以至於无为④。无为而无不为矣⑤。将欲取⑥天下，恒无事，及其有事也，又不足以取天下矣。

传世本（48）：为学日益，为道日损。损之又损，以至于无为，无为而无不为。取天下常以无事，及其有事，不足以取天下。

解注：

本章甲本主体全缺，乙本文字清晰，逻辑无碍。

①为学者日益：学，礼学，司仪之学。日益，规模、人数、环节、态度等内容每天都花样翻新。

②闻道者：为道，是通过冥想或体验的途径，领悟事物未分化状态的"道"。此处的"道"，指自然之道，无为之道。

③云：问题答案归于自然法则而自然已经有解决问题的安排，因为自然有自我平衡、自我修复的能力。

就是我们人，患了疾病不用治疗，有许多人也可自愈，比如感冒，如果没有并发症，西方医院都不接待。

④无为：对自然事物不作人为干预，依赖事物自身的自修复、自平衡能力自我作为。

⑤无为而无不为矣：人们不去干涉不去作为，事物自身的自修复、自平衡能力完全能够达到该有的效果。

⑥取：治、摄化之意。

译文：

求礼学的人，其人数、环节乃至情欲文饰等每天都在花样翻新；求道的人，归纳演绎后发现需要人们干预的事情越来越少。少之又少，到最后感觉都不需要人去干涉了。

用礼治理天下，到处太平安乐一片祥和，天下真有事了，那些是不足以安天下的。

补充解读：

敝人小时候有幸见识到农村埋殡时搞的 128 口礼，就是 128 个男性在司仪的指挥下站成 8 列 16 行，按照节奏，进几步整齐作揖行礼，再跪下哭几声，站起来退几步，再作揖、再跪下哭几声，要哭就哭、要停就停、要跪就跪、要作揖就作揖，反反复复，加上司仪致辞，搞了很多回合。当时感觉非常好玩，很震撼。

参加葬礼的这 128 个人据说都是外亲，都是带着礼物来的。

历史上真正以礼治国的，"两个半。"

一是鲁国，周公制禮后回到封地鲁，成就了以禮为宗旨的儒家；

二是新朝，王莽建立国号"新"，全面彻底地以禮治国；

三是崇祯朝，崇祯皇帝以东林党人为依托，以朱熹、王阳明的儒禮为支撑，算是半个吧！

第四十三章　夫唯道 善始且善成

上士闻道，堇能行之；中士闻道，若有若无①；下士闻道，[堇畏之]；[弗畏]，不足以为道②。

是以建言有之曰：明道如费③，夷道如纇（lèi）④；大德如浴，大白如辱⑤；广德如不足⑥，建德如偷⑦；大方无禺（yú）⑧，大器免成⑨，大音希声，天象无刑⑩，道褒无名。夫唯道，善始且善成。

传世本（41）：上士闻道，勤而行之；中士闻道，若存若亡；下士闻道，大笑之，不笑不足以为道。故建言有之：明道若昧，进道若退，夷道若纇。上德若谷，大白若辱，广德若不足，建德若偷，质真若渝。大方无隅，大器晚成，大音希声，大象无形。道隐无名，夫唯道，善贷且成。

解注：

本章甲本只有最后一句的两个字可以辨识，借鉴乙本和传世本，其表达的对象或内容与前面章"太上，下知有之，其次，亲誉之，其次畏之"是相同的。借鉴乙本最后一句"夫唯道，善始且善成"和上一章的"学礼仪者不足以取天下",对乙本进行校正：下士闻道，[董畏之]；[弗畏]，不足以为道。

　　从世界范围的原始宗教或信仰发展过程分析，越早的人越迷信；最愚笨的人，最畏惧自然界而不是认知自然界。

　　①若有若无：拜服宇宙，拜服神秘的自然。

　　若，甲骨文 ，拜服、依从。有和无，开篇已有解注。

　　②弗畏，不足为道：弗，受刑或受拘束；畏，恐惧、害怕。足，踏足、尝试。全句意思是，处处畏惧，缩手缩脚，不敢尝试应用道。

　　③费（昧）：花费、花成本、付出代价。

　　④夷道如纇：夷，本义是迂回的河流，意思是平坦；

　　纇，形声字，金文大篆 ，小篆 ，从糸从犬从一户人家。夷道如纇，循序迂回渐进，好似绕着一户又一户人家。

　　⑤大白如辱：大白，明白事理服从安排；辱，受控制。

　　⑥广德如不足：广，扩大、增大；足，走到、到达。

　　⑦建德如偷：偷，本义是悄悄地干活。真正建立德行需要悄悄地进行。

　　⑧大方无禺：禺通隅，角落、墙角。广阔的宇宙分不出哪里是角落。

　　⑨大器免成：成，甲骨文 ，本意是工具，大器免成：自

然界的宏大物体都不是用工具打造的。

⑩大音希声，天象无刑：希，前面章有解注，在巾帛上写字、写谱。刑，冲撞用刑。全句意思是，特别动听的音乐好像是上天谱好了曲谱，宇宙天体各行其道，没有冲撞违和。

译文：

上士听了道的理论，会勤奋努力地实行；中士听了道的理论，会拜服宇宙、拜服神秘的自然；下士听了道的理论，处处恐惧，恐惧得缩手缩脚，不敢探索尝试应用道。

因此需要如下明确地表达：要想搞明白道，是需要花些时间、花些代价的；研究道，需要迂回或循序渐进，好似绕着一户又一户人家。

大德如浴，明白事情道理，服从天时安排，好像受自然界的约束控制一样；做大德，好像也很难做到，真正建立德行需要潜移默化的进行。

广阔的宇宙，分不出哪里是角落；自然界的宏大物体都不是用工具打造的；特别动听的音乐好像是上天谱好了曲谱，宇宙天体各行其道，没有冲撞违和。

只有遵循"道"，才能找到解决问题的办法。

补充解读：

从作者所定义的"道"来看，绝非道路一般简单，把道视作

道路，"进道如退"，是把道庸俗化。敝人认为，乙本和传世本的
"进道如退"，不是原著该有的，删除后更加顺达。

还有"质真如渝"一句，严重违和，与作者表述的道的概念
严重背离，与前后句相比，非常突兀。

士，金文**土**，决断是非的刑官、捕头；如《尚书·舜典》：
汝作士，五刑有服。古代统治阶级中，是次于卿大夫的基层官僚。

第四十四章
孔德之容 唯道是从 窈呵鸣呵 中有請呵

孔德之容^①，唯道是从。

道之物^②，唯望唯忽^③；沕（mì）呵望呵，中有象呵^④；望呵忽呵，中有物呵^⑤。

窈呵鸣呵，中有請呵^⑥；其請甚真，其中有信^⑦。自今及古，其名不去，以顺众父^⑧。吾何以知众父之然？以此^⑨。

传世本（21）：孔德之容，惟道是从。道之为物，惟恍惟惚。惚兮恍兮，其中有象；恍兮惚兮，其中有物。窈兮冥兮，其中有精；其精甚真，其中有信。自古及今，其名不去，以阅众甫。吾何以知众甫之状哉？以此。

解注：

本章甲本文字非常清晰，是点睛之篇。

①孔德之容：孔是左右偏旁，左边为"子"。

下图前两个是"子"的金文和金文大篆，后面两个是"孔"

的金文和金文大篆。

子 𢀱 孔 𢀱

子，是象形字，象小儿食乳之形。食乳，也有学习道理之意。先秦许多名人被称为"子"，可译作"学者"或"大学者"。

孔，是形声字，左边小儿食乳，但与子的图形比，乳房空了，读音空 kǒng。引申为非常努力学习，学习甚急。

容：容器，渠道。

孔德之容：努力学习修炼"德"的渠道或方法。

②道之物：物，甲骨文 𣬉，本义是牛车上插旗在风中的样子。道之物，道的运动或作用状态。

③唯望唯忽：只能通过观察，只能用心观察其位置变化。

④沕呵望呵，中有象呵：隐隐约约呵，持续观察呵，运动的自然界都是巨大天体呀。中，会意字，中的金文大篆 𢆶。

⑤望呵忽呵，中有物呵：观察呵，用心对比位置呀，自然界都在运动呵！

⑥孥呵鸣呵，中有请呵：生命的种子呵，似乎在鸣叫呵，自然界里的幼仔都有请求父母照顾后代的信息呵。孥，甲本为㴸；幽，本义是山里安静之处有两只雏鸟。

⑦其请甚真，其中有信：幼仔请求父母照顾后代的信息是真实的，有非常确信的证据。

152

这些都是上天的安排，古人称之为"天命"。

⑧自今及古，其名不去，以顺众父：自今及古，各种生物物种不断绝，都延续遗传他们的父系特征。

⑨以此：因为下面这几章。

译文：

学习修炼德的渠道或方法，只能从自然界所隐含的"道"中去悟。

道的运动或作用状态，只能通过观察，用心观察其位置变化。（望向太空，那些闪烁的星星）隐隐约约呵，持续观察呵，运转的自然界中，那些若隐若现的星星都是巨大天体呀。观察呵，用心对比位置呀，那些天体都在运动呵！

生命的种子呵，似乎在鸣叫呵，自然界里的幼仔都有请求父母照顾后代的信息呵。幼仔请求父母照顾后代的信息是真实的，有非常确信的证据。自今及古，各种生物物种不断绝，都遗传延续他们的父母特征。我们怎么知道各物种延续遗传的？原因都在下面这几章。

补充解读：

敝人以为本章是帛书《道德经》最点睛的篇章之一。

能够认识到太空里若隐若现的星星都是巨大的天体，并且都依道运行。

动物好像有收到确定的请求照看后代的信息一样，使命般地照看下一代，而下一代又能延续父母的特征或性状。生物都在遵循遗传之道，自古及今不会断绝。

牛顿、爱因斯坦惊叹于自然界中"德"与"道"的神秘关系，认为一定有一个超自然的力量或者神，才会有如此奇妙的世界。他们都曾经试图用现代科学知识来证明神的存在。

本章的文采之华丽，足以媲美《洛神赋》，如同曹植惊叹于洛神之美一样，作者也毫不吝啬地对自然界中控制生物性状的机制——神秘的"道"与物质实体之间的神秘互动关系进行了咏叹和讴歌。

我们灵长类动物为什么每只手都是五个手指头？

金刚石的分子结构为什么是四面体？

基因组为什么是双螺旋结构？等等，等等。

所以，道，可道，非恒道也。

第四十五章　道生遗传基因 化雌雄 生万物

道生一，一生二，二生三①。三生万物。万物负阴而抱阳②，中氣以为和③。

天下之至柔，驰骋於天下之致坚④。无有入於无间⑤。吾是以知无为之有益也。[有无]之教⑥，无为之益，天下希能及之矣。

传世本（42）：道生一，一生二，二生三，二生三，三生万物。万物负阴而抱阳，冲气以为和。……

传世本（43）：天下之至柔，驰骋天下之至坚，无有入无间，吾是以知无为之有益。不言之教，无为之益，天下希及之。

解注：

①道生一，一生二，二生三，三生万物：本章作者用他那个年代特有的语言，阐述了生物学上的进化、遗传原理。

道在地球生物圈产生了遗传物质"一"，遗传物质"一"突变造成两性分离，生物遗传从无性繁殖走向二性繁殖（又名有性繁殖），二性交合繁衍产生后代"三"。代际繁殖给基因突变提供了更多机会，加速了生物进化，产生万种生物。

②万物负阴而抱阳：万物分阴阳、雌雄或公母。

③中氣以为和：中，会意字，中的金文大篆 ，动词；中气，交换气息。盛年的雌雄生物都会产生能够表征其雌雄性状的激素并可散发于空气中，遗传物质决定了生物个体对异性的气味有特殊的敏感性或感知力，异性体味经过呼吸交换可使得骚动的心跳得以平复。这是香水分男用和女用的原因。

从之前篇章的阐述，道包括看不见又能决定性状的"一"和实物两个组成部分，本处指的应该是"一"，在生物中或许就是遗传物质——基因。

因为作者已经对"无"下过定义，此处是简写的那个"无"哦，"名万物之始也"。道生一，一生二，二生三，三生万物，万物之始就是"一"呀，"无"等于"一"，那"无为"就是"一的作用行为"。

④致坚：各自独立不相接的坚体。致，独立的、不相接的、不合作的，如致仕（辞官）。

⑤无有入於无间：无有，携带着物种使命"一"的生物体；间，两段时间、两桩事物的承接处，或两代生物之间的承接物；

无间，两代生物之间可接力载有物种使命的物体。就是种子或者生物卵。

⑥ ［有无］之教："有"和"无"交替传承的示范。

括号内甲本不能辨识，因作者著述《道德经》即为立言，"无言之教"肯定不对。依前后句意补为［有无］。

译文：

自然之道产生看不见摸不着却能决定生物性状的"一"，也就是遗传物质。遗传物质演化分化产生雌、雄二性，雌雄二性交合能够繁育产生后代三，代际繁殖为基因突变提供了更多机会，加速了生物多样性，产生万种生物。

万物都有阴阳雌雄，阴阳互相激荡气息自然和谐。

那些望之而不见、抿之而不得的又是决定事物性状的"一"哦，就刚度而言，是最柔弱的；携带着物种使命"一"的生物体，又可以接力传入于相对独立的种子或者动物卵。我因此认识到无为（造物之初已经制订的行为方案）对事物的益处或作用。

代表生物体的"有"和遗传物质的"无"交替传承和代代示范教育，"无为"（造物之初已经制订的行为方案）对事物的益处或支配作用，人类几乎不可能研究触及到哦！

补充解读：

关于"中"![图]的词性可以参见先秦著作《鹖冠子·学问》：

"中河失舟，一壶千金，贵贱无常，时使物然。"

《诗经·七月》中有"七月食瓜，八月断壶"，"壶"即葫芦也。七月时段可吃瓜，八月来到可摘葫芦。

第四十六章　也道生之畜之而弗宰 玄德之德

道生之而德畜（xù）之，物刑之而器成之①，是以万物尊道而贵②德。道之③尊，德之贵也，夫莫之爵④而恒自然。

也⑤道生之蓄之，长之遂之，亭之毒之⑥，养之覆之⑦。生而弗有也，为而弗恃也，长（zhǎng）而弗宰也，此之谓玄德。

传世本（51）：道生之，德畜之，物形之，势成之。是以万物莫不尊道而贵德。道之尊，德之贵，夫莫之命而常自然。故道生之，德畜之。长之、育之、亭之、毒之、养之、覆之。生而不有，为而不恃，长而不宰，是谓玄德。

解注：

①畜，畜养，孕育。物刑之而器成之：物，甲骨文 ，本义是牛车上插旗在风中的样子；刑的金文 ，一说为持刀在水井边值守；二说为开荒整备井田。这里可解释为"雕刻，制作"。器的甲骨文 ，在野兽环伺中像犬一样狩猎生存；成的

甲骨文 ，金文 。

延伸解注：

马王堆汉墓还出土有帛书《易经系辞》，其中有"刑而上者为之道，刑而下者为之器"，由此可知，刑的本义是一物对另外一物施加作用或影响。"刑而上者为之道，刑而下者为之器"的意思是：对事物之间的相互作用效果或作用关系进行总结提高可以归纳出道理，对事物施加作用，比如对野犬作用可以驯化成狩猎的器物，对物体作用可以制作成各种有用的器物。

西汉董仲舒排斥法家、排斥"刑"，罢黜百家，独尊儒术后就成了"形而上者为之道"，并改"天员（ ）地方（ ）"为"天圆地方"；含义也由"天有支撑不会塌、地有边界海围它"，变成了"天如圆穹罩住方形地、形如铜钱"；进而提出"天人合一"的哲学思想，人应当像天地一样，外在圆滑、内有分寸。其静止、孤立、胡乱联系，以及躲避社会进步责任的思想在清末民初受到了广泛批判。

②贵：甲骨文 ，意思是双手向下取起土，小篆以后土变成了贝。

③之：本义是行走，意思是作用。

④爵：象征地位的酒具，延伸为官爵，封爵，接受爵令。

⑤也：象形字，甲骨文是一个人面向盛满水的器具的长发背影形象，本义为影像、影子、样子，照着水看样子。

用在句首作动词，依据某某做、依据某某而办理。现在中原方言或口语中仍然常用这样的表达。

⑥亭之毒之：亭者亭子也，亭之，对之像对亭子一样从筹划到建设的全程用心。毒，毒草，像对毒草一样小心防护，隔护。

⑦覆之：维护、保护。

译文：

（对人类而言）道生成之，德养育之；这个过程中会历经许多磨难，需要在野兽环伺的险恶环境中狩猎生存成长。所以万事万物莫不尊崇道，而珍贵德。道的作用应该尊崇，德的作用同样像土地一样不可或缺，不是受谁的指令爵封，而是自然规律决定的。

（对个体而言）依据道生育后代、蓄养后代，使后代生长，使他发育，使其受到抚养、保护。生长而不据为己有，抚育而不自恃有功，导引后代而不主宰、控制，这就是玄德。

补充解读：

河南方言"也"在《道德经》中再次出现。本章第二段，表述的是父母生养而不主宰的玄德之德，只有"也"用河南方言解读理解"也道生之畜之"，本章的逻辑才能通达无碍。

与玄德对应的就是"私欲"。一个人只有抛开了私欲，才会有正常的、朴素自然的心态，才能有真正的"放下"。每个个体都不应该带着债务来到人世间。即使"生之、蓄之"，也应该"生而弗有，长而弗宰"。这是对中国传统伦理"生儿养老"的巧妙抨击。

儿女长大以后能不能赡养父母，不能是预先的计谋，而应是自然的结果。如果父母一开始就有这种养儿防老的想法，就表示把养育子女当作生意对象了，也就是"投资放债"。那他的心态就是违背道的，践踏了我们所讴歌的伟大的父母之爱。

补充阅读：

《胡适家书》

——写给去苏州读书的 10 岁儿子胡祖望

我养育你，并非恩情，只是血缘使然的生物本能；所以，我既然无恩于你，你便无需报答我。反而，我要感谢你，因为有你的参与，我的生命才更完整。我只是碰巧成为了你的父亲，你只是碰巧成为了我的儿子，我并不是你的前传，你也不是我的续篇。你是独立的个体，是与我不同的灵魂；你并不因我而来，你是因对生命的渴望而来。你是自由的，我是爱你的；但我绝不会"以爱之名"，去掌控你的人生。

第四十七章　生而弗有 长而弗宰 是为玄德

　　载营 "衵"（yā）抱一①，能毋（wú）離②乎？榑（fú）氣至柔③，能婴儿乎？脩除玄蓝（鉴）④，能毋疵乎⑤？天门启阖（hé）⑥，能为雌乎⑦？明［習］四达⑧，能毋以食乎？

　　生之，畜（xù）之⑨。生而弗有，长（zhǎng）而弗宰⑩，是谓玄德。

　　传世本（10）：载营魄抱一，能无离乎？专气致柔，能如婴儿乎？涤除玄鉴，能无疵乎？爱民治国，能无为乎？天门开阖，能无雌乎？明白四达，能无知乎？生之畜之，生而不有，为而不恃，长而不宰，是谓玄德。

解注：

　　本章描述雌雄鸟儿求偶、交配、孵化、生仔并孵育的过程，讴歌鸟儿无私的生育、抚育之德。

　　但按照 "孔子们" 的观点本章肯定有些污，孔子把三千多首民歌淘汰到三百多首，本章甲本被涂抹亦在情形之中。

本章甲本缺字较多，但明显没有"爱民治国，能无知乎"一句，故仍能看出端倪。乙本多了此句，敝人愈加质疑乙本。

①载营"衵"抱一：营，形声字，从宫，荧（yíng）声。宫，房子。与居住和雌性有关。

"衵"：从示从白，白的金文 ，本义是白色液滴，与雄性和阳刚有关。音 yā，大众方言，鸟禽示爱。

抱：甲骨文 ，本意是二人合力怀孕。

《诗·大雅·抑》：亦既抱子。

②毋離：毋，从母，乳房消失或者没有乳房。

離：金文 ，本意是成鸟对鸟巢内的鸟儿喂养。

毋離，是有别于哺乳动物的鸟儿特有的喂养方式。既可能是对孵卵的伴鸟进行喂养、也可能是对雏鸟进行喂养。

③榑氣至柔：在桑树上秀恩爱，温柔至极。榑，桑树。

④脩除玄蓝：脩，从"月"从"攸"，"月"指鸟儿肉体，凡是从"攵"（攴）的字均与扑打、操作等意思相关。如：收、攻、攸、改、孜、政、效、放、敛、敢、敲、敞、赦、寇、整、敷、数、敏等等。脩，脩脩也，本义为秀爱、做爱。除，形声字，《说文》——除，殿阶也。从阜，与地形地势的高低上下有关。

蓝，通鉴，商代甲骨文字义：在皿水中照影子。

脩除玄蓝，脩脩秀爱在台阶上、暧昧玄孕在镜湖边。

⑤能毋疵乎：鸟蛋里能没有胚胎斑吗？

疵，在光线下已受精的鸟蛋里面的胚胎不透光，形如暗斑。

⑥天门启阖（hé）：阖，此处通"合"，关闭。天门启阖，指动物诞生面世。

⑦能为雌乎：雌的特点是安静、任劳任怨，能做个称职的妈妈吗？

⑧明 ［習］ 四达：明，现小曰明，通假萌，孵化也。習，锻炼翅膀、练习飞翔。

⑨生之，畜之：本章赞美的是抚育遗传物质"一"母体父体。

⑩宰：主管、主持；主宰。

译文

载着生育后代的使命和能力，能不离離示爱吗？在大树上百般温柔，能如幼儿一般无猜吗？脩脩秀爱在台阶上、暧昧玄孕在镜湖边，鸟蛋里能没有胚胎斑形成吗？生育后代，能做一个任劳任怨的母亲吗？孵化習练，以至能四处飞翔，能不觅食喂养吗？

生育、养育！生育而不占为私有，养育而不做其主宰，这就叫做"玄德"。

补充解读：

作者把鸟儿作为玄德的典型代表，让敝人联想到殷商的崇拜图腾"玄鸟"，大概是玄德之鸟的简称。殷商崇拜的是鸟的玄德，而非具体的某种鸟。"天命玄鸟、降而生商"，意思是如同应天命而有玄德之德的飞鸟，天命降下而生商国，表达的是王权神授的思想，也是崇拜天帝的理论基础。

宅殷土芒芒，依照天帝教喻建造广袤的住宅，大量野草被铲除开化成为连片住宅和城郭，古帝命武汤，正域彼四方，将文明成果向四方传播拓展。

商的甲骨文上半部同"帝"，下半部取"丘"，本义是依照天帝教喻建造的文明城邦。

除了图腾，殷商文字中出现的鸟名只有"鹤"，"鹤鸣于九皋，声闻于野……鹤鸣于九皋，声闻于天"。鹤的特点是双栖双飞，一窝产蛋两枚，雌雄轮流孵化。

因为崇拜鹤的玄德之德，殷商时期的妇女地位很高，主祈祷、祭祀，祈者，妻也。即使王族配偶也少，纣王有记载的妻妾只有两个，为妾的妲己还遭到了不少诟病。只有一个儿子叫武庚，没有女儿。武庚被杀后，周武王为了彰显仁慈，在遗族中指定了一个人做其子嗣，史称禄父。

反观周文王，史书记载有百子，妻妾一定成群。

延伸解注：

除：《说文》："階，殿陛也。"段玉裁注：殿谓宫殿，陛谓台阶，殿陛谓之除。从字形分析，左为台阶、右为宫殿房舍之形。《史记·魏公子列传》："赵王扫除自迎，执主人之礼，引公子就西阶。"，扫除，清扫台阶。

由台阶引申，取拾级更易之义，去旧更新之事亦曰除。如爆竹声中一岁除，年岁上个台阶长了一岁；除夕，旧年将过去即将更替新年；常说天增岁月人增寿。

中国古代算术中的除，来自于建筑实践，最初是被多少个台阶平分的意思。

第四十八章 见小曰明 没身不殆

天下①有始，以为天下母。既得其母，以知其子②，复守其母，没身不殆③。塞其堄（duì），闭其门，终身不堇④；启其堄，济其事，终身不棘⑤。见小曰明（萌）⑥，守柔曰强。用其光，复⑦归其明（萌）。毋遗身殃⑧，是谓袭常⑨。

传世本（52）：天下有始，以为天下母。既得其母，以知其子；既知其子，复守其母，没（mò）身不殆。塞（sè）其兑，闭其门，终身不勤。开其兑，济其事，终身不救。见（jiàn）小曰明，守柔曰强。用其光，复归其明，无遗身殃，是为习常。

解注：

①天下：指的是地球生物圈。

②子：种子。

③没身不殆：殆，危险。没身不殆，身体枯死但遗传物质没有受到危机。

④塞其堄，闭其门，终身不堇：

塞，阻塞、隔绝；垸，含水土壤。

垸，从土从兑，"兑"，会意字，从人，从口，液体从一个容器注入另一个容器，一种东西掺到另一种东西里去。

门：气门。

董：草、长成草。

本句的意思是：阻隔土壤和水，隔断空气，始终不能长成草。

⑤启其垸，济其事，终身不棘：

棘，（会意字），从二从朿（cì）。"朿"是"刺"的本字。矮小而成丛莽的灌木荆刺。

有了上一句的解注，本句就好理解了：开启土壤和水的接触，提供空气，始终不会干枯成棘刺。

⑥见小曰明：呈现小种子萌发生长的状态。见通现，明通萌。

⑦复：重复、加倍。

⑧毋遗身殃：殃，剔肉后残剩的骨头。

⑨袭常：袭承常道。

通过字句的解读，可知本章阐述了土壤、水、空气以及阳光对携带遗传物质的种子的萌发，具有决定性的作用。

只是作者用那个年代的语言来超前表达，给理解翻译带来了很大难度。

译文：

地球生物圈一开始，代表遗传物质的"一"就成了生物生存的根本。有了母本的性状，就可以知道后代的特征，后代会遵守、遵循母本的性状。种子携带遗传物质萌发并循环生死，即使生物体老去，遗传物质也不会消失中断。

把种子阻隔脱离土壤、水和空气，种子始终不会长成小草。如果给它土壤、水和空气，就能成长且永远不会干枯成棘刺。种子萌发、由弱变强，给它足够的阳光，还能加倍生长。在遗传物质生生不息的循环过程中，生物体会腐烂最终回归土壤，长期来看，不会留下遗体，这就叫作万世不绝的恒常之道。

补充解读：

有种说法，生物体都是基因的宿主、都是被基因利用的、都是基因的奴隶；基因才是地球生命的主宰。

第四十九章 含德之厚者 知物壮即老

　　含德之厚者，比於赤子①。蜂虿（chài）虺（huǐ）蛇弗螫（shì），攫（jué）鸟猛兽弗搏；骨弱筋柔而握固，未知牝牡之会而朘（zuī）怒，精之至也；终日号而不嚘（yōu），和之至也②。

　　和曰常，知常曰明。益生曰祥，心使氣曰强。物壮即老，谓之不道。不道早已。

　　传世本（55）：含德之厚，比于赤子。毒虫不螫，猛兽不据，攫鸟不搏。骨弱筋柔而握固。未知牝牡之合而朘作，精之至也。终日号而不嗄，和之至也。知和曰"常"，知常曰"明"，益生曰祥，心使气曰强。物壮则老，谓之不道，不道早已。

解注：

　　①含德之厚者，比於赤子：道德涵养浑厚的人，就好比初生的婴孩。作者认为受父母保护，也是自然安排的一个组成部分。有很多人写文章赞美种子的力量，种子也属于含德之厚者。

　　根据字面意思，还可以作如下理解：

道德涵养浑厚的人，同步于太阳作息。

比於，同步于；"赤"指太阳，"子"指子时，就是晚上24点的时间。古人讲究日出而作日入而息，按照阴阳规律子时是（夜里12点前后）最安静的，万物都在休息，所以这个时段毒虫也在休息，猛兽捕猎也完了，猛禽也在树上睡觉，人们睡着后是很放松的，所以叫骨弱筋柔，但是手却半握着，即便有人想掰开也不容易，身体健康的男人睡着后就算没在想男女之事也会在不知不觉中自然勃起，这是因为精气到达了最高值。

②和之至也：和，器官协调。和之至也，婴儿的器官协调和谐到极致了。

译文：

道德涵养浑厚的人，就好比初生的婴孩。毒虫螫不到他，猛兽伤害不到他，凶恶的鸟搏击不到他。他的筋骨柔弱，但拳头却握得很牢固。他虽然不知道男女的交合之事，但他的小鸡鸡却勃然举起，这是因为精气充沛。他整天啼哭，但嗓子却不会沙哑，这是因为婴儿的器官协调和谐已经到极致了。幼年生命淳和是普遍现象，知道生命淳和变化趋于逐渐减退规律的，叫明白人。过度养生、过度追求延年长寿的预示着妖祥，欲念支配提气就叫逞强。事物长大壮盛过了就会迎来衰老，道已经不再支持他了，决定事物性状的道已经先于其变化了。

第五十章　名与身孰亲 知止不殆 可以长久

　　名与身孰亲①？身与货孰多？得与亡孰病②？甚爱必大费，多藏必厚亡。故知足不辱③，知止不殆，可以长久。

　　传世本（44）：名与身孰亲？身与货孰多？得与亡孰病？甚爱必大费，多藏必厚亡。故知足不辱，知止不殆，可以长久。

解注：

　　①名与身孰亲：

　　名，会意字，甲骨文字形，从夕从口，夕已存在又看不见。

　　《道德经》开篇就说神缔造了道、天、地和王（地球生物），每个个体都受一个神秘的机制指挥着，都是有使命的。这是当时人们普遍的认识。

　　古人认为支配每个人的是灵魂，每个人出生之前就已经存在一个"名"——灵魂。古代迷信的说法认为灵魂可以循环复生，把名看得比身体重要。身的甲骨文 𝌆，金文 𝍖，是人的躯壳形象。

亲：帛书文字，是以头胸为主的骨架形象，表示身心，其核心是"心"、是"名"、是遗传物质，亲人，即在"心"、在"名"、在遗传物质方面有关联的人。甲本用词精准，本处用"亲"，下一章用"親"，"故不可得而親，亦不可得而疏"。现在常说"亲自来了"，意思是"身心都来了"，没有人说"身自来了"。

②得与亡孰病：得，迎上获取、面对；亡，逃亡、逃避；病，缓疾发热为病。

知足不辱：足，驻足，止步、满足；辱，与厚亡对应，入土太深复生困难，或被盗墓羞辱。

译文：

名声与身体相比，哪个更能不朽？生命与财物相比，哪个更有价值？积极面对与逃避逃亡相比，哪个不理智？

过分地惜爱身体，势必导致极大的财力投入；过多地聚敛财物，势必导致更奢靡更深入地下的丧葬。

因此，知道适时驻足满足，就没有必要入土太深，也不用担心被盗墓者羞辱。知道什么时候中止放弃，基业、家业不会出现危险，就可以长久延续。

174

补充解读：

作者在前面章节已经阐述了植物的物种延续过程，"生长—结籽—枯萎—发芽—生长"等循环过程，这个过程中植物的身体与植物物种代代相传的关系非常清晰，植物得以代代相传是至高无上之道。

作者本章开门见山，与代代相传之比，身体、财货、得失等都不重要，都应该服从于"代代顺利传承"这一伟大主题。

第五十一章　善建者不拔 善抱者不脱

善建者不拔①，善抱者不脱②，子孙以祭祀不绝。修之身，其德乃真③：修之家，其德有馀；修之乡，其德乃长（zhǎng）④；修之邦⑤，其德乃丰；修之天下，其德乃博。以身观身：以家观家，以乡观乡⑥，以邦观邦，以天下观天下。

传世本（54）：善建者不拔，善抱者不脱，子孙以祭祀不辍。修之于身，其德乃真；修之于家，其德乃余；修之于乡，其德乃长；修之于国，其德乃丰；修之于天下，其德乃普。故以身观身，以家观家，以乡观乡，以国观国，以天下观天下。吾何以知天下然哉？以此。

解注：

①拔：拔起、拔出。

②善抱者不脱：抱的金文 。

抱：本义是二人合力怀孕生子；抱窝，鸟禽孵卵。

脱的金文 ，脱：本意是流产。

③真：金文大篆 **真**，高空杂技，既是真功夫，又有高水平。

④长：尊崇。

⑤邦：分封制下的诸侯国。

⑥以家观家，以乡观乡：故以身观察，以家观家，以乡观乡；以自身察看观照别人；以自家察看观照别家；以自乡察看观照别乡。

从前面章节已知，遗传物质知道适时中止躯体生命，才得以生生不息，到上一章的"衰老的变化从盛年就开始了"，再到本章的"善建者子孙以祭祀不绝"，形成了严谨的逻辑链。

译文：

善于筹划基业者筑造的房屋不会因后继无人而被拔除，善抱者怀持的宝贝不会因无亲人保护而流脱，如果能够遵循、守持这个道理，那么子子孙孙祭祀当然就不会断绝。把这个道理付诸自身，他的德性就会是真实纯正的；把这个道理付诸自家，他的德性就会是丰盈有余的；把这个道理付诸家乡，他的德性就会受到尊崇；把这个道理付诸本邦，他的德性就会丰盛硕大；把这个道理付诸天下，他的德行就会如阳光普照。（这是我观察到的道理，有的家族事业代代相传、香火鼎盛，有的家族事业中落、祭祀断绝。）用自身的修身之道来观察别身；以自家察看观照别家；以自乡察看观照别乡；以平天下之道观看天下。

第五十二章
塞其悶 闭其门 是谓玄同 不可得而親

知者弗①言，言者弗知。塞其悶，闭其门②；和其光，同其墼（zhěn）③；坐其閲，解其纷④，是谓玄同⑤。故不可得⑥而親，亦不可得而疏；不可得而利，亦不可得而害；不可得而贵⑦，亦不可得而淺。故为天下贵⑧。

传世本（56）：知者不言，言者不知。塞其兑，闭其门，挫其锐；解其纷，和其光，同其尘，是谓玄同。故不可得而亲，不可得而疏；不可得而利，不可得而害；不可得而贵，不可得而贱；故为天下贵。

解注：

本章同前面章一样也是被误解最多的章节。其实，这是《触龙说赵太后》的前传，没有历练，怎么能成才。

①弗：受约束的样子，有顾忌。

②塞其悶，闭其门：阻塞思想发展锻炼的机会，关闭出门交流增长见识的渠道。上古认知，心之官则思。

③和其光，同其塾：只见识过单一的白光和车厢底部普通的横木。和，把有色光复合起来就是白光；塾，甲本该字上部为轸下部为土，轸，车厢底部普通的横木。"塾"大概还长在土里。

④坐其阅，解其纷：在室内翻阅少量的竹简都不需站起来，解除做纷纭复杂事情的机会。

⑤玄同：幼儿一样平凡无能。玄，幼儿幼雏；同，甲骨文

🔲，俗称"平凡一口"。

⑥得：因为珍惜担心失去。

⑦贵：甲骨文为双手捧土，后演土为贝。

⑧故为天下贵：受天下人敬重。

译文：

知道的人不轻易说，说的人大概也不知道。

阻塞思想发展锻炼的机会，关闭出门交流增长见识的渠道。只见识到单一的白光，不知道光还可以分解成五色；只见过原始木料而没有见识过车辆打造过程。只是在室内翻阅少量的竹简，竹简少得都不需站起来，解除做纷纭复杂事情的机会，每个人都会像幼儿一样平凡无能。

所以，不能因为担心失去而溺爱或有意疏远；也不可因为珍惜而重赏，也不可在家教育得过于严厉而伤害身心；更没有

必要因为珍惜而封土。（安排在身边言传身教）这样就为天下人敬重，为天下培养英才。

补充解读：

上古有"双龙不相见"的说法，有些迂腐的帝王真的刻意不见太子。

第五十三章　大成若缺 清靓可以为天下正

大成若缺①，其用不幣（币）。大盈若湓②，其用不穷③。

大直如诎（qū）④，大巧如拙（zhuō），大赢如绌（chù）⑤。趮胜寒⑥，靓胜炅（jiǒng）⑦，清靓⑧可以为天下政⑨。

传世本（45）：大成若缺，其用不弊。大盈若冲，其用不穷。大直若屈，大巧若拙，大辩若讷。静胜躁，寒胜热。清静为天下正。

解注：

要点一，"若"和"如"，不能按照现在的字义简单对待。

要点二，需要辨析三个含有"出"的字"诎""拙""绌"

①大成若缺：人无完人，对于优秀的人才，要包容他们的缺点。

成：甲骨文 ，金文 ，本义是斧子、杵、砍刀等工具。

大成，最为完美的工具或器物。

若，甲骨文：，本义是尊重、依从，这里应理解为包容。

②大盈若溢：盈，铸造金器（青铜器）；沖，甲本为"溢"，预先计算、估算得不准，浇铸后多余的液态金（青铜）；盈利，本义是铸造利器，引申为铸造付出的报酬，这个报酬大概是用剩余的一些"金（青铜）"支付的。大盈若沖：铸造大型金（青铜）器，要包容计算不准造成的剩余。

③穷：尽。

④大直如诎：

直甲骨文 ，问题看得透彻明了；

诎，由"讠"和"出"组成。出的甲骨文 ，出的本义是从穴居的山洞迈出一只脚，犹豫、谨慎、小心。

诎：说话慎重、口诎。

⑤绌：不足，不够，支绌（款项不够分配）。

⑥趮胜寒：趮，跑操、操场，又通躁，人员操嚷曰"躁"；寒，苍凉无人曰寒。指性格热情胜过待人冷冰。

⑦靓胜炅：炅，火光、战火。指性格沉静胜过火爆浮躁。

⑧清靓：水草树木洁净明亮，指心底无私，做事阳光。

⑨政：本字为正，乃政的古字。

译文：

最完满的工具器物，需要包容他们的缺陷；人无完人，对于优秀的人才，要包容他们的缺点；但它的作用很大，不会亏空；铸造大型金（青铜）器，要包容预先计算不准造成的剩余，剩余的金还可以有别的用途；在重大工作中，需要包容他们的遗漏或者闪失，但是他的拓展开发是不会穷尽的。

善于观察、问题看得周全的人，说话往往谨慎，像口讷一样；最灵巧的工匠，往往不急于动手，好似手脚笨拙一样；能力很大的帅才，往往准备一些琐碎的事情，好似有点婆婆妈妈的样子。

态度热情胜过处事冷漠，性格沉静胜过火爆浮躁，做事阳光可以为政天下。

补充解读：

本书在序中推测，帛书甲本是在楚简《老子》基础上的再创作。敝人认为本章痕迹最为明显。

楚简《老子》为："喿胜苍，青胜然，清清为天下定。"

古汉语中，喿通噪、然通燃、清通靖。

翻译过来就是：虫鸟喧闹胜过满目苍凉，青青葱葱胜过田舍燃烧，清淡平静是天下应该有的安定。

本段楚简用词非常传神，比唐诗"城阙辅三秦，风烟望五津"还要凄美悲凉。如果与帛书作者想表述的含义一致，完全没有必要做修改，直接照抄就很精彩。

到了帛书这里，作者修改了寥寥数字，变成了选人、用人之道。

第五十四章　善为士者不武 是谓用人

　　善为士①者不武②，善战者不怒，善胜敌者弗舆③。善用人者为之下，是为不诤④之德；是⑤谓用人，是谓天固之极⑥也。

　　传世本（68）：善为士者不武，善战者不怒，善胜敌者不与，善用人者为之下。是谓不争之德，是谓用人之力，是谓配天古之极。

解注：

　　①士：金文 **士** ，决断是非的刑官、警察。如《尚书·舜典》：汝作士，五刑有服。《周礼》士死曰"不禄"，不食俸禄了。

　　②武，从正从戈，以戈求正，以刑逼供或以戈平息争诉。

　　③弗舆：不轻易与敌接触交战，有选择地与敌交战。

　　④不诤：不在口舌上逞强。是对"善用人者为下"作注释。

　　⑤是：是字的演变过程 甲骨文 金文 小篆 ，甲骨文的本意是

在阳光下走路，到金文和小篆，下部的"止（趾）"就变成了"正"，有阳光下，朝着正确的方向前进的意思。

⑥天固之极：固，稳固、稳定；极，八荒之处高耸入天的大柱。古代传说天边有擎天大柱，被吴承恩借用入了《西游记》。孙悟空见到擎天大柱就误认为是到了天边，撒泡尿写上"到此一游"，不料那却是如来佛手指头变的，故民谚有"孙猴子本事再高，也逃不出如来佛手心。"

译文：

善于施政决断是非的士族、刑官、狱吏，不以刑逼供，也不以戈平息争诉；善于作战的勇士，不轻易被激怒；善于决胜的将帅，会谨慎主动选择交战时机；善于用人的人，对人表示礼让谦下，这叫作不与人逞口舌之争的品德；会正确用人的人，就是在八荒之处支撑稳固天庭的柱子。

补充解读：

善为士者不武，与后面章的"有德司契，无德司彻（chè）"观点一致。

第五十五章 其政察察 其邦缺缺

其政闵闵^①，其民屯屯^②。其政察察^③，其邦夬（guài）夬^④。祸，福之所倚；福，祸之所伏^⑤。孰知其极，其无正也^⑥。正复为奇，善复为妖^⑦，人之悉也。其日固久矣^⑧，是以方而不割^⑨，兼而不刺^⑩，直而不绁，光而不眺（燿）。

传世本（58）：其政闷闷，其民淳淳；其政察察，其民缺缺。祸兮福之所倚，福兮祸之所伏。孰知其极？其无正。正复为奇，善复为妖，人之迷，其日固久。是以圣人方而不割，廉而不刿，直而不肆，光而不耀。

解注：

①闵闵：甲本无法辨识，乙本"闗"，从全章来看，意为懒政，找来一个相似字"闵"，通"惽"，"惽"有"昏暗""糊涂"的意思，闵闵，政策宽松。

②其民屯屯：屯，《广雅·释诂三》中，屯，聚也。屯屯，人们纷纷跑来聚集。

③察察：明察、精明，政策严厉、苛察，有勤政的意思。

④其邦夬夬：夬通缺，本句对应说的是人口问题。《说文》："缺，器破也。"其邦缺缺，其邦的人们纷纷移民离开了。

此处可理解为，政令宽松，君主不管治民众，国家却依赖他因祸得福人口增多；君主管理制度太细太具体，过于精明，国家却因此流失人口、危机四伏。

⑤祸，福之所倚；福，祸之所伏：《说文》——祸，害也，神不福也。

⑥其无正也：正，中正，中间政策。

⑦正复为奇，善复为妖：正，方正、端正、正确；复，本义返回，回来；奇，通畸，反常、邪；善，善良；妖，邪恶。这句话意为：看似正确的反过来变为邪的，看似善的反过来产生恶的。

⑧其日固久矣：意思是这种议论已经存在很久了。

⑨方而不割：刚正，刚正而不割伤人。

⑩兼而不刺：兼，把两份放一起。此句意为：合并合作而不刺伤人。

直而不绁：绁，羁绊、束缚。

译文：

政策平稳宽松，其人口却增多再增多；政策严厉明察，人民却争相移民而去。君主不严厉管束民众，政令宽松，国家却依赖他得福人口增多；君主制定富国之策，勤勉施政，处处苛责，国家却因此人口流失、危机四伏。谁知道会出现这两种极端现象呢？有没有中正合适的政策呢？

管理过细通常被都认为是正确的，却得到了走邪路的结果，都认为施惠的善政，反而得到了不好的报应，这确实是人们的一大迷惑，这种现象已经被议论很久了。

因此，圣人施政：法度虽刚却不能割伤创造性，兼并协作却不能锉伤主动性，做事耿直却不能干涉自决性；道德虽然光芒，却不能因此眩目刺眼，产生强迫性和虚伪性。

第五十六章 有无相生 难易相成 恒也

天下皆知美为美，恶已。皆知善，斯不善矣①。有无之相生也，难易之相成②也，长短之相刑③也，高下之相盈④也，音声之相和也，先后之相随也，恒也。是以聲人居无为之事，行［不刑之教］⑤。［万物昔而弗始］⑥，为而弗志⑦也，成功而弗居也。夫唯弗居，是以弗去。

传世本（02）：天下皆知美之为美，斯恶已。皆知善之为善，斯不善已。故有无相生，难易相成，长短相形，高下相盈，音声相和，前后相随。恒也。是以圣人处无为之事，行不言之教；万物作而弗始，生而弗有，为而弗恃，功成而不居。夫唯弗居，是以不去。

解注：

①本章的关键词是"美"和"善"：

美的甲骨文和金文 𦬇 𦬇，善的金文和大篆 𠅤 𠅤。

我们通常依据现代的"美"字，推理古人"羊大为美"，但是非常遗憾，美这个字与羊无关，结合国内字源研究成果，大多数倾向于美为土著们在头上身上装饰的雉鸡翎和其他饰物，所以"美"，应该解释为时尚或者追求时尚。

"善"倒是与羊有关，分享羊、有羊享用为"善"。

②成：甲骨文 ，金文 ，本义是斧子、杵、砍刀等工具。

③刑：金文 ，本义是持刀在井边维持秩序或砍柴码垛。

长短之相刑也，高下之相盈也，音声之相和也，先后之相隋（随）也，恒也。

本段与后面章节的"曲则全，枉则正，洼则盈，敝则新，少则得，多则惑"论述的道理是一致的，作者认为自然界具有"损有馀而益不足"的自我修复、自我平衡能力，要实事求是，待以时日，自会修复。

④盈：铸造金（青铜）器。

⑤行［不刑之教］：括号内甲本无法辨识。作者撰写《道德经》就是立言，如果采用"不言之教"就会出现逻辑悖逆。从前后句子可以判断出作者提倡顺其自然、因材施教，故为"行不刑之教"。

⑥万物昔而弗始：帛书甲本缺失，从乙本。万物昔日就已

191

具备循环往复、生生不息的能力，不是从你圣人开始的，你最多是提供了生长发育的条件而已。目的是告诫圣人不要居功，不要居自然之功。逻辑倒推至本章开始，美、善可能指是美行、善行，居自然之功的美行当然不美了。

⑦志：有两种解释，一是心所愿往，特别想达到；二是记录。这里可能是双关词，两个意思都有。

译文：

刻意追求天下人都认为的时尚，那就违背了时尚的真谛，变成了丑。简单的把该做的义务当作是行善，那也是违背天道的，就不是善行了。"有"和"无"是互相生出的，难和易的差别也就是有无工具而已，长的物件经过砍伐就会变成短的，器皿高低也都是由铸造规划造成的，声乐器乐相合才更动听，先和后也只是个排序而已。自然界有"损有馀而益不足"的自我修复、自我平衡能力，要实事求是。待以时日，有和无会因果转化，难和易是相辅相成的，长和短交替出现，高和下互相补充，音与声互相配合，前和后互相接随——这是永恒的。

（不能把自然循环转换而来的结果，居功为自己所有）

因此，圣人用尊重天道、尊重自然的观点对待世事，不用一刀切的方式施行教化：尽量随缘，听任万物自然兴起而不居功为自己创始，有所施为，但不固执结果，功成业就而不自居。正由于不居功，就无所谓失去。

补充解读：

本章提出了辩证双方或矛盾双方互相转换的观点，具有唯物辩证法的雏形。

对于时尚美的辩证法比较好理解。因为一般人都知道，时尚需要个性化和朴素化，一窝蜂地都去追求，失去了个性化，往往离庸俗也就不远了。实际上，市场经济的价值规律也是这个道理，如果大伙儿都涌向了这个市场，那么这个市场离贬值就不远了。

善恶属于道德范畴。关于善的辩证法，帛书作者也提出了一个重要观点，那就是遵循自然、遵循人性、符合社会发展成长规律的才能是善。

非洲野生国家公园的工作人员，一般都遵循物竞天择的规律，对于各食物链中的动物搏杀行为都不干预，最多是对个例病体进行救助。

现在的社会学研究实践，提倡对极端贫困进行托底，行有限度的善。如果普惠制过度了，就会形成懒人社会，陷入中等收入陷阱。

帛书作者在那个时代提出善恶的辩证法具有重要意义。因为在极端君权制度下，统治者偷换概念创造了君父和子民的表述，然后再提出"百善孝为先"的社会道德理念。

孝是很好的东西，子女孝敬父母，媳妇孝敬公婆，这都是很好的美德，我们从来不反对这个东西；我们只反对那种不合理的用父权剥夺子女和媳妇正当权利的行为，我们只反对"父要子死，子不得不死"的狠毒。

这里就涉及一个问题，"父要子死，子不得不死"和所谓"善"，所谓的"孝文化"有什么关系呢？

假定中国人只是在"父要子死，子不得不死"的狠毒权利的威胁下才不得不尽孝，如果没有这种狠毒权利的威胁就都不行孝了，那么，你能说这个伦理道德下的孝，算是"善"吗？

后来，中国的历史事件彰显了帛书作者的辩证理念的超前和必要性。秦始皇统一中国后构建了当时先进的君主体制。但是秦始皇暴病身亡后，赵高和胡亥假冒秦始皇的旨意要公子扶苏自裁。扶苏纵有 30 万大军在手也毫不犹豫地自杀以践行"百善孝为先，父要子死，子不得不死"孝善伦理，大将军蒙恬拦都拦不住。造成社会陷入血腥动乱战争之中，人口锐减数千万。

还有一件颇具争议的事情，对感觉器官已经衰竭的老人，或者对没有可能救活的病人进行插管、切管等抢救性治疗，与安乐死的辩证关系，哪个是善？哪个是恶？

第五十七章　民多利器 而邦家滋昏

以正之邦①；以奇用兵；以无事取天下。吾何以知其然也哉？夫天下多忌讳②而民弥贫，民多利器③而邦家滋昏（hūn）④，人多知而何物滋起⑤，法物滋彰而盗贼多有⑥。是以聖人之云曰：我无为⑦而民自化，我好静而民自正，我无事而民自富，我欲不欲而民自樸。邦利器不可以视人⑧。

传世本（57）：以正治国，以奇用兵，以无事取天下。吾何以知其然哉？以此。天下多忌讳，而民弥贫；民多利器，国家滋昏；人多伎巧，奇物滋起；法令滋彰，盗贼多有。故圣人云："我无为而民自化，我好静而民自正，我无事而民自富，我无欲而民自朴。"

传世本（36）：……邦利器不可以视人。

解注：

①之邦："理邦""事邦""知邦""治邦"，使邦运行、运转。

②忌讳：看中国黄历就会明白，不宜栽种、不宜出门等等说法会误了农时，人民当然会贫困了。

③利器：用参与袭灭商朝获得的"利金"铸造而成的青铜器皿。前面"绝聲弃知、绝巧弃利"一章中已经有解注，不再赘述。

④邦家滋昏：帛书甲本乙本均为"民+日"的昏，该字是借用"昏"的造字方式造出来了，昏，会意字，从日，从氐（dǐ），"氐"是下的意思，合起来表示日已下沉。昏，分封再分封，许多贵族败落成了纨绔子弟，如同清朝末年的在旗官宦子弟。

⑤人多知而何物滋起：知，知礼者。越来越多的人依从礼。

何物：可，通"何"，可物，在当时的典籍中属常用名词。在仁义礼活动中可以增加气氛的人造的物。其一是"楮"（chǔ），造纸术产生以前，楮树的皮被用作书写，祭祀时焚烧的纸称为楮币、楮钱。其二是"仿制的利器"帛书作者创造性的用"何物"代替"可物"，凸显了这些物件是人造的，不属于"自然之物"，是文人幽默。

⑥法物滋彰而盗贼多有：法物，用于祭祀或者庆典活动的重要器物，主要还是"利器"。分封分家多了不够用，有人就开始要聪明了，各种仿制品就出现了，真的假的也搞不清，有的就干脆安排人去偷盗。

盗：会意字，看到人家的器皿就会贪婪地流口涎，看到人家的"利器"就流口水，存心不善。

⑦无为：圣人对民间的"利器"展示活动不胜其烦，不再参加"利器"的展示活动，也不再对"利器"持有人追加封赐。

⑧邦利器不可以视人：前面已经解注清楚，"利器"是"利金"铸做的青铜器皿，但传世本把此句单独附在别处，误导了很多人，容易被误认为是国家的神秘武装力量。首先，先秦时期没有特别的武器装备，最重的就是甲兵，但是马匹战车还需要展开队形进行日常训练，无法保密也无需保密，可以排除。其次，是否与"重器"有关？传说古代夏禹铸造九鼎，代表九州，作为国家权力的象征。夏、商、周三代以九鼎为传国重器，有三个支撑腿和两个耳朵的青铜铸造器皿。

所以，利器应该与青铜器皿有关。1976 年，陕西省临潼县零口镇出土的一件"利器"，充分印证了上述推测。帛书作者认为，邦国上下炫耀"利器"是诱发出现盗贼的主要原因。

译文：

应该以正治邦；以奇用兵；以无事取天下。我怎么知道应该如此呢？天下的忌日和避讳越多，而老百姓就越陷于贫穷；民间代表曾经军功的"利器"很多，没落贵族返贫也很多；人们仿制的"利器"越来越多。借用"利器"作为法物的民间活动也越来越多，甚至还发生盗取"利器"的现象。因此，君主依自然之道说，我不再参加民间的那些活动仪式了，民间这种愈演愈烈的寻祖、寻功活动就自我化解自我降温吧；我好静，民间就自然富足；我追求回归自然的愿景，而民间就会自然而淳朴。邦的利器不能到处炫耀给人观看。（既减少攀比之风，也避免有僭越的政治风险。）

僭（jiàn）越之战

按照周礼，贵族使用鼎和簋等利器的种类、数量都有严格规定，周天子用"九鼎八簋"，诸侯用"七鼎六簋"，大夫用"五鼎四簋"，士用"三鼎一簋"。

徐国作为中国历史上一个跨越千年的诸侯国，历经了1600余年，共有君主44任，至徐偃伯时，临邦楚国举报其规格超越邦制，被周王室称为"僭越之徒"。周天子发兵攻打徐国，徐偃伯得知天子将打过来，且旗号是他自己"僭越周礼"，便只身一人让出伯位，弃城南逃，为的就是不忍伤其民，也让对方勿伤害百姓一人。徐弃城逃跑时，相传跟随的百姓数以万计，他们跟随徐一路前行，来到深山之中，以国姓自居，从此这里便叫徐州，这座山便称为徐山。这是中国历史上第一次大规模的人口迁徙。这次事件被称为僭越之战。

第五十八章　治大国若享小鲜 道莅天下

治大国若^①享（xiǎng）小鲜^②。以道莅（lì）^③天下，其鬼不神^④。非其鬼不神也，其神不伤人也。非其神不伤人也，聖人亦弗伤也^⑤。夫两不相伤，故德交归焉。

传世本（60）：治大国若烹小鲜。以道莅天下，其鬼不神。非其鬼不神，其神不伤人；非其神不伤人，圣人亦不伤人。夫两不相伤，故德交归焉。

解注：

本章是误读最严重的篇章之一，因为关键字"享"被误作"烹"了。

①若：包容、尊重。

②享小鲜：甲本不能辨识，乙本为"享"。在中国文字发展史上，享和烹这两个汉字都很早出现，因为吃在当时的日常生活中占很大分量，这两个字在当时属于常用字，乙本与传世本有异，一定为真。这是乙本最重要的价值。

那么，享小鲜与享大鲜有什么不同呢？我们看一下相关文献，据《礼记·曲礼》和《礼记·少仪》等史料记载，有如下内容。

席间，饭菜要这样摆放：左边依次为带骨的熟肉、主食（饭），右边依次是大块的熟肉、酒和饮料；在最里边放酱酪调料，外边放烤肉，右边放着蒸葱；肉脯类的菜肴，弯曲的在左，挺直的在右。若是烧鱼，鱼尾向着宾客；若是干鱼，则鱼头向着宾客；冬天鱼肚向着宾客的右方；夏天鱼脊向着宾客的右方。

如果读者能花时间浏览一下《周礼》，其中事无巨细都有议程规定，烦琐到荒唐的地步，就能理解作者为什么厌恶主张礼的人，为什么厌恶那些代表周礼知识的"知"，为什么要用一章内容来劝喻周王简化礼仪。怎么劝喻呢？

终于从享小鱼中得到灵感，找到了突破点。

③莅：临。

④鬼不神：鬼，动物死后的魂魄为鬼；神，会意字，"申"是天空中闪电形，古人以为闪电变化莫测，威力无穷，故称之为神。是地球世界的超自然力。鬼不神，鬼不通神，不会做法、不灵验了。

⑤圣人亦弗伤也：此句争议较多，有一理解是鬼神也不伤圣人了。从烹小鲜与烹大鲜延伸开来，本书认为是圣人或礼法不折腾老百姓了。

译文：

疏通治理大国要包容、尊重享小鲜的饮食方式，一些小事小节就没有必要执行周礼了。用"道"治理天下，那些鬼怪就不会作法了。不但鬼不会作法了，神也不祸害人了。不仅神不祸害人了，圣人所推崇的礼法也不折腾挫伤人了。鬼神和圣人礼法都不伤害人，所以，就可以让人民享受到安详和谐的自然之德了。

补充解读：

不但礼仪太繁杂让老百姓不胜其烦，王侯贵族也烦着呢！其实还有更烦的，当时有很多人为了打击对手，到周王那里告别人违反礼仪，你说周王处理还是不处理呢？

第五十九章　为无为 事无事 轻诺必寡伸

为无为，事无事，味无未①。大小多少，报怨以德②。圖难③，乎其易也④，为大，乎其细也⑤。天下之难作⑥於易，天下之大作於细。是以聖人冬不为大⑦，故能成大。夫轻诺⑧必寡信（伸）⑨，多易必多难。是以聖人犹难之，故终於无难。

传世本（63）：为无为，事无事，味无味。大小多少，报怨以德。图难于其易，为大于其细。天下难事必作于易，天下大事必作于细，是以圣人终不为大，故能成其大。夫轻诺必寡信，多易必多难，是以圣人犹难之。故终无难矣。

解注：

①为无为，事无事，味无味：此句意为把无为当作为，把无事当作事，把不曾放佐料当作有味道。

②大小多少，报怨以德：可耕地大小、物产多少，用辛勤努力代替对天地抱怨。"大"参见注释⑤；德，后天依道而努力劳作。

③圖难：圖，即图，会意，从口（wéi 表示范围），从啚（bǐ，"鄙"的本字，表示艰难）；圖表示规划一件事，需慎重考虑。本义：谋划、反复考虑。圖难，谋划一件困难的事。

④平其易也：平，甲骨文 ，上面的符号表示声音上扬，下面的符号表示舒气，本义为吐气。这里意为梳理、理顺。易，本义是人们在地球上看到的太阳运行变化。

竹简时代，写作材料成本高，语气助词很少用。

⑤为大，乎其细也：细，本义是耕地外侧拓展出的窄田边田或小块田；大，本义是人的伸展空间，和平年代人口增长很快，可耕地是国之根本，是最大的事情。

⑥作：会意字，从人、从乍，人突然站起为作。

甲骨文字形，像衣领初作的形状，本义为人起身。

⑦冬不为大：冬天，河南的土地被冰冻，冬天不开荒。

⑧诺：金文大篆 ，口出三只手，意思是想法多变或常立志。

⑨信：古通伸，身体舒展，达到目的。

译文：

以无为的态度去有所作为，以不滋事的方法去处理事物，以恬淡无味当作有味。可耕地大小、物产多少，用辛勤努力代替对天地抱怨。处理重大困难问题要从研究其变化规律入手，拓展生存空间，增大可耕地，要从边田、小田做起。天下的难事，都是由简单容易的事情堆积而成的；天下的大事，都一定是从微细的部分开始的。因此，圣君遵守天时不在寒冬开荒，春暖后坚持不懈持之以恒，所以就能极大地拓展生存空间，增大可耕地。那些想法多变、常立志的，必定很少能够实现，把易事堆积多了，势必变成很多难事。因此，圣君总是重视困难并谨慎对待，所以就始终不会被困难难住。

补充解读：

轻诺必寡伸，多易必多难。《庄子》说："夫道不欲杂，杂则多，多则扰，扰则忧，忧而不救。"研究学问或者干事业，首先要专注，断杂念，不能贪多，不能杂念纷扰。杂的东西多了，就会干扰心性，心性得不到安定，那就是迷失本真。一件事情没做完，又想着做下一件，以这种多、杂的心态做事，反而效率低，做不好事情。心无旁骛，专心致志，才能最快实现目标。成功人士一般都不是赢在智商，基本上都是赢在专注。

第六十章　夫民之难治也 两者亦稽式也

故曰[1]，[弃知][2]为道者非以明民也，将以愚之也。

民之难治也，以其知[3]也。故以知知邦[4]，邦之贼[5]也。以不知知邦，邦之德也。恒知此两者亦稽（jī）式也[6]。恒知稽式[7]，此谓玄德。玄德深矣、远矣、与物[8]反矣，乃[9]至大顺。

传世本（65）：古之善为道者，非以明民，将以愚之。民之难治，以其智多。故以智治国，国之贼；不以智治国，国之福。知此两者，亦稽式。常知稽式，是谓玄德。玄德深矣，远矣，与物反矣，然后乃至大顺。

解注：

①故曰：从前面章"将于拾之，必古张之"可知，表示"原来""之前""因此"的时候，作者选用"古"。

因此，这里的"故"，作"故意"讲。

谁故意说的？当然是作者反对的、主张"禮学"那一派的人。

②［弃知］：括号内为甲本缺字，因为下面句子表明了作者"弃知"的观点，所以，本书建议补上"弃知"二字，理解更容易些。

③知：直观意思是明了、知道。老百姓啥都清楚。从前后句判断，大概是自上而下推行的"知禮"运动。前面章有"上禮为之而莫之羞也，则攘（rǎng）臂而乃之"。

④以知知邦：第一个知，知禮者。

前面章作者有定义，知人者知也。知禮者非知也。

知和智均为古字，通过楚简可以对"智"有一个明确的概念，楚简中"智"就是"知禮者"，楚简批判伪诈，提出"绝诈弃伪"。但到了帛书作者时代，禮学的自利性、市易性、虚诈性充分暴露，作者对"知禮者"深恶痛绝，把"绝诈弃伪"修改为"绝仁弃义"，并提出绝礼学无忧。

并且作者认为"道，非恒道也"，知识都在积累发展中，没有真正的"智"，全书没有用"智"字，只用"半智"的"知"。

知邦：如知县、知州，邦内主事者也。

⑤邦之贼：贼，太传神了。这些"知禮者"成了帮内主事，是要骗钱的。

⑥此两者亦稽式也：此两者，民与知县、知州、知邦者也。

亦，甲骨文字形，在"大"（人）旁加两点，指示两腋所在，"腋"的本字。本义：内在关系。

稽，金文大篆，树半倾覆被人弓腰用力支撑着，弓腰支撑着的人想站直又遭树压制着。常用词：稽首（磕头）、稽查。

式，形声字，从工、弋（yì）声，"工"有"矩"的意思，本义为法度；规矩。

"稽式也"表示了一种相互制约、对立统一的社会关系。

⑦知稽式：与知州、知县、知邦类似，应该是主理稽式相关工作。

⑧物：自然界的运行规律。

⑨乃：甲骨文，金文，绳子，一条绳子上的东西，用作副词时都有前后相随的意思；用作代词时，都有彼此对应称呼的含义。

译文：

有人故意说反对禮学而主张自然之道的人，不是在开启民智，而是在愚弄百姓啊！

其实，人们之所以不愿意服从治理，是因为老百姓啥都知道，早就明白统治者的心思了。因此，如果任用那些"知禮者"做帮内主事，等于任用了贼人，是要骗钱的。任用不主张"禮"、不迷信禮的人做帮内主事，邦之德也。应该明白人民与统治者是互相考核制衡、对立统一的。秉持这种对立统一的关系理念并妥善应对处理，就叫作"玄德"。玄德非常深远奥妙，与一般事物一样具有正反矛盾的属性，处理好这一对应关系，国家才会大顺。

补充解读：

民的金文 ，眼睛只关心午。

午的金文 ，为阴阳转换之时，在太阳下做事，即农业生产。在帛书作者看来，懂农时、善生产、知五行的民，其实啥都明白。

第六十一章　水无以易也 受邦之询 是谓社稷之主

天下莫柔弱於水①，而攻坚强者莫之能先也，以其无以易之②也。水之胜刚也，弱之胜强也，天下莫弗知也，而莫能行也。故圣人之言云曰③：受邦之询④，是谓社稷之主；受邦之不祥⑤，是谓天下之王。政言若反⑥；［上政若水］⑦。

传世本（78）：天下莫柔弱于水，而攻坚强者莫之能胜，其无以易之。弱之胜强，柔之胜刚，天下莫不知，莫能行。是以圣人云，受国之垢，是谓社稷主；受国不祥，是为天下王。正言若反。

解注：

①天下莫柔弱於水：水，民也。前一章说民之难治也，民与统治者互为稽式也，有互相制衡的关系。

作者本章把民比作水，用来劝喻圣人，希望圣人能容忍民间事情的多样性，条条框框不能多，不能动辄问责。这大概是中国文化中水能载舟亦能覆舟的由来吧。

②无以易之：易，替代、取代、化解。

③云曰：自然法则说。

④受邦之询：询，询事考言。

⑤受邦之不祥：不祥，能够联想预兆吉凶的不吉利的苗头。

⑥政言若反：建政执政指导思想，要尊重人民群众的利益。

政，建政、执政、政策；

若，遵从、依从。

反，互为稽式中君主的对应面。

⑦[上政若水]：提高执政水平就要尊重水、尊重百姓。

上，提高；政，执政；若，尊重。本句是本章内容的总结，敝人补。

译文：

天下再没有什么比水更柔弱了，而攻坚克强却没有什么可以胜过水，因为没有什么能够替代或化解它。弱胜过强，柔胜过刚，天下没有人不知道，但是没有人去践行。所以有一个符合自然规律的圣君之道是这样说的：能够接受质询考验，才能成为国家的君主，能够容忍或者不用理会那些可能会预兆吉凶的不吉利的苗头，不能动辄上纲上线去追责，才能成为天下的君王。

建政、执政的政策或指导思想，要尊重人民群众的利益；

提高执政水平就要尊重水、尊重百姓。

补充解注:

繻［xū］葛之战:东周开始,诸侯国崛起,多有怠慢周天子之命。公元前 720 年,周桓王即位,对郑庄公实行强硬政策,削弱其对王室的控制,免去其卿士之职,郑庄公也不再亲自朝见周王。

公元前 707 年,周桓王率陈、蔡、卫等国军队讨伐郑国,郑庄公派兵抵抗,两军战于繻葛(今河南省长葛市北),周桓王被射中肩膀,周王的军队大败。

繻葛之战使周天子的威严一落千丈,战后周王室开始衰弱,诸侯国势力大增,竞相争霸。

第六十二章 闸其所居 则大畏将至矣

民之^①不畏畏^②，则大畏^③将至矣。毋闸其所居，毋猒（yān）^④其所生。夫唯弗猒，是以不猒（厌）。是以圣人自知而不自见，自爱而不自贵也。故去被取此^⑤。

传世本（72）：民不畏威，则大威至。无狎其所居，无厌其所生。夫唯不厌，是以不厌。是以圣人自知，不自见；自爱，不自贵。故去彼取此。

解注：

①之：行动、行为、走、运动等。

②畏畏：畏，会意，据甲骨文意思是鬼手拿杖打人，畏畏，畏惧鬼打人、畏惧死亡。

③大畏：对统治者来说，最大的畏惧，莫过于人民造反。

④猒：会意字，金文字形为狗吃食。有学者把它同"厌"，丢失了本义。

⑤去被取此：帛书甲本前面章节分别有"去罷取此"和

"去皮取此",准确传神。本处的"被",本义是遮蔽、覆盖,引申为禁令。周厉王三十年,把原来公共的山林川泽收归王室所有,颁发禁令,限制私自捕猎,引发"国(城郭)人暴动"。

译文:

当人民不再顾忌和畏惧而行动时,那么,可怕的祸乱就要到来了。不要限制人民出行的自由,不要挤占人民的生活资源。只有不去与民争利,人民才不厌恶统治者。因此,有道的圣人不但有自知之明,而且不自以为是;珍惜自己的名声自爱自尊,不奢靡破费自显高贵。所以,要放弃奢靡生活和狩猎禁令,不宜过分、过多地与民争利。

第六十三章　罪行法定 勿伐司杀者

若民恒则不是死④，奈何以杀愳（jù）①之也？若民恒②是死，则而为者③，吾将得而杀之，夫孰敢矣。若民［恒则］⑤必畏死，则恒有司杀者⑥。夫伐司杀者杀⑦，是伐大匠斫（zhuó）也。夫伐大匠斫者，则希不伤其手矣。

传世本（74）：民不畏死，奈何以死惧之！若使民常畏死，而为奇者，吾得执而杀之，孰敢？常有司杀者杀，夫代司杀者杀，是谓代大匠斫。夫代大匠斫者，希有不伤其手矣。

解注：

本章有两个关键字需要认真辨识：

"恒"和"则"，古汉语中"恒"是律条；"恒则"为固定搭配，被刻记或书写的律条。

①愳（jù）：因不明白所以然，两眼瞪圆，心有不甘而惧怕。

本书再次呼吁国家恢复帛书中失传的文字。

②恒：规律、法则。如先秦古文常有的：恒式（常规；常

法）；恒典（常典；常制）；恒例（常规，惯例）；恒规（常规）；恒则。

③则而为者：则，规程、规则、制度；违反规则制度而为者。

④若民恒则不是死：本句帛书甲本缺，根据上面三条释义本书补充，意思是按照法规规则不是死。

⑤［恒则］：有恒则、有规范的法规。本句帛书甲本缺。

⑥则恒有司杀者：按照规章规则常设掌管判决的人。

⑦伐司杀者杀：伐，征讨、讨伐、伐罪；伐司杀者杀，推翻司杀者的判决另外判决，并有追究司杀者责任的意思。

译文：

如果按照规则民众不认为其在犯罪，难道还能做到用刑罚来让他们心甘畏惧吗？按照规则确认是犯罪的，我们当然可以把他抓来处罚。谁还敢为非作歹？如果这些人熟悉规则，用常设的司法官常态管理他们就可以了。如果推翻司法官的判决，法外用刑罚，就如同代替高明的木匠去砍木头，那代替高明的木匠砍木头的人，很少有不弄伤自己手指头的。

点评：

本章作者阐述"恒有司杀者"这一定制，用现代术语就是提倡"罪刑法定"。

第六十四章　贵以贱为本 高以下为基

　　故必贵而以贱为本，必高矣而以下为基。夫是以侯王自谓孤、寡、不榖①（gǔ），此其贱之本舆②？非也，故致数舆无舆③。

　　是故不欲禄（lù）禄若玉④，硌硌（luò）若石⑤。

　　传世本（39章）：……故贵以贱为本，高以下为基。是以侯王自谓孤寡不榖。此非以贱为本邪？非乎？故致至舆无舆。不欲琭琭如玉，珞珞如石。

解注：

　　①不榖：榖，形声字，从车，本义为车轮中心的圆木，周围与车辐的一端相接，中有圆孔，可以插轴。不榖：不能加入圈子，独遗于圈子之外。榖，亦作善良，如榖日（吉日；良辰），榖士（善士；佳士），榖旦（良晨）。

　　②贱之本舆：舆，本义是车驾，地位待遇的统称。看轻作贱自己的根本吗？

　　③故致数舆无舆：致，辞退，比如致仕，旧时指交还官

职，即辞官。《公羊传·宣公元年》——退而致仕。故致数舆无舆，故意标异自己，贬低自己的行为。

④禄禄若玉：禄，古代官吏的俸给。受他人俸禄被别人把玩。

⑤硌硌若石：硌硌，山野中的石头历经风雨自由自在的样子。

译文：

所以要想显贵必须以善待"贱"为根本，要想稳居高位必须以尊重"下"为基础，因此侯王们自称为"孤""寡""不榖"，这就是表明以贱为根本的态度。难道不是吗？故意标异自己，贬低自己的行为。

因此，不要追求琭琭晶莹如宝玉，而宁愿珞珞普通像山石。

补充解读：

《庄子》说："虽富贵，不以养伤身；虽贫贱，不以利累形。"那些已经非常富有的人，还经常是没日没夜的工作，想用营养弥补透支，违背人的生理特征，往往不能如愿。即使贫贱，也不可有攀比心理，要保持适当的体力，身体健康最重要。

凡事保持适度悠然，才是最好的人生。人世的幸福在于生活节奏要保持适当舒缓。

第六十五章　以百姓之心为心 圣人之道

聖人恒无心①，以百姓之心为心。善者②善之，不善者亦善之，得善也。信者③信之，不信者亦信之，得信也。聖人之在天下，翕翕（xīxī）④焉，为天下浑心⑤。百姓皆属耳目焉，聖人皆［善之］⑥。

传世本（49章）：圣人无常心，以百姓心为心。善者，吾善之；不善者，吾亦善之，德善。信者，吾信之；不信者，吾亦信之，德信。圣人在天下歙歙，为天下浑其心。百姓皆注其耳目，圣人皆孩之。

解注：

①恒无心：恒，一直、总是；无，万物之始也，聖人与天帝的心是相通的；无心，天帝缔造天地万物之初时的心理。

②善者：擅长者也。前文有"善数者、善行者、善闭者"，以及"善人者，不善人之师，不善人者，善人之资也"。

③信者：信仰神者也。

⑤翕翕：聚、合。帛书本字多一个竖心旁。

⑤浑心：心合为一体。

⑥皆［善之］：帛书本章末尾缺两个字，因上句有善者善之、信者信之，本书取"善之"。聖人如同龙王，因为民间不同的耳目看到的、听到的总有差别，全信等于不信，会变"聋"，只能用善意对待不同耳目获得的不同消息。

译文：

圣人恒常保持天帝造物之初的心态。对于有擅长的人，善待他；对于没有专长的人，帮助他，使得人人有专长，这样，社会就和谐了。对于信仰神的人，诚心待他；对没有信仰的人，也诚心待他，这样可以收获诚信了，从而使人人守信。有道的圣人在其位，自觉约束自己，不肆意妄为，他的意愿与百姓的意愿混为一体，使天下的心思归于浑朴。百姓们都愿意把自己的所见所闻告诉他，成为他的耳目，圣人也都善待他们。

补充解读：

传世本中的圣人皆"孩之"不妥，违背道家平等且民为贵的思想。

第六十六章　给人事天莫若啬 食乃天之本

给（jǐ）人事天①，莫若啬（sè）②。夫唯啬，是以早服③。早服谓之重（chóng）积德④，重（chóng）积德则无不克⑤，无不克则莫知其恒⑥，莫知其恒，可以有国。有国之母⑦，可以长久。是谓深根固柢（dǐ），长生久视之⑧，道也。

传世本（59）：治人事天莫若啬。夫唯啬，是谓早服。早服谓之重积德，重积德则无不克，无不克则莫知其极，莫知其极，可以有国。有国之母，可以长久。是谓深根固柢，长生久视之道。

解注：

①给人事天：帛书甲本缺失，传世本"治人"，道家观点"民为贵君为轻"，从楚简"给人"，供养人民；

事天，给天做事，意思是理国执政。

②啬：古同"穑"，会意字，古"回"为谷物，收割谷物。如成语"不稼不穑"，不种植庄稼不收割谷物。

③早服：帛书甲本缺失，楚简为早备，服从农时早作准备。

④重积德：加倍积德、重复积德。

⑤克：肩也。《说文》——以肩抗物曰克。物高于肩，故从高，象肩形。此处为动词，扛起、胜任、攻克等。

⑥莫知其恒：帛书甲本缺，楚简"漠智其恒"。"莫知"，古"莫"通"漠"。超级智慧、大智慧。本书借鉴楚简。

⑦有国之母：有国，含有保国的意思。母，根本、原则。

⑧长生久视之：长久地维持着、长久存在着。

本章理解的超级智慧是，古代温饱是国之根本。在公认的社会历史学中，把"有余粮"作为国家形成或产生的最重要条件。春秋战道，不违农时。

译文：

供养人民事奉上天，没有不尊重农业生产的。种植庄稼，就应该早做准备，依照农时播种管理。早做准备，就可以获得丰收加倍地持续地积"德"；获得丰收不断地积"德"，就不会有食物短缺。做到没有食物短缺，就是永恒的超级大智慧。有了这个重要认识，就可以担负起治理国家的重任。食物富足是国家稳定的根本，才能国运长久，就叫作根深蒂固，符合长久维持之道啊！

补充解读：

当前我们常见的高产农作物多是外来物种，国人食用玉米、红薯、土豆、黄瓜、西红柿、胡萝卜等高产作物的历史很短。

《诗经》中有关西周的粮食有粟、稻、稷、黍、豆（荏菽）、大麦、小麦等，亩产极低；夏秋要辅以瓜果蔬菜，"六月食郁及薁，七月亨葵及菽，八月剥枣，九月叔苴，十月获稻"。

肉食也很少。《礼记·王制》说"诸侯无故不杀牛，大夫无故不杀羊，士无故不杀犬豕，庶人无故不食珍。"

甲骨文的"禾"，"年"，人有禾即为年。

第六十七章 人之饥也 以其取食税多也

人①之饥也，以其取食税②之多也，是以飢③；百姓之不治也，以其上有以为也，是以不治。民之轻死，以其求生之厚也，是以轻死。夫唯无以生为者④，是贤⑤贵生。

传世本（75）：民之饥，以其上食税之多，是以饥。民之难治，以其上之有为，是以难治。民之轻死，以其求生之厚，是以轻死。夫唯无以生为者，是贤于贵生。

解注：

①人：前面章有"士"有"民"，此"人"当包括士和民；食用俸禄的士和种田的民之外猎人。

②税：帛书甲本乙本均为"说"，两个字的含义不同，税是对禾苗庄稼征税，"说"是对狩猎摘野果贩卖等征税。

③飢：指肚子饿，有野果野味也不让去获取。在先秦时期还有一个不相混同的字"饑"，指饥荒，加上野果野味也不够吃。后来才逐渐通用，现在"飢""饑"均简化为"饥"。

④无以生为者：不施行以满足生活过分奢侈为目的的
政策。

⑤贤：会意字，放下财宝曰贤，本义是清廉的、节俭的。

译文：

人们之所以遭受饥饿，是因为统治者的限制狩猎和采集野
果，因此，才有食不果腹。百姓士子们之所以不愿服从治理，
是因为统治者的妄想、妄为、政令繁苛、乱施政，所以难治
理。普通人之所以会轻生冒死，是因为统治者为了奉养自己，
过度搜刮民脂民膏，因此，他们才不顾生命危险去反抗。所
以，不施行以提高私人享乐为目的的苛捐政策的，才是清廉贤
人的贵生。

补充解读：

前面章节有"毋闸其所居，毋猒（yān）其所生"，加上本章
的"说"、限制狩猎和采集野果造成的食不果腹。构成了作者严
谨的强民、富民思想。

山林川泽专利"说"和国人暴动

西周后期，由于政治上不断分封，使得周天子直辖区域日
益狭小，气候方面又降温、干旱，导致关中粮食产量下降，周
朝的财政陷入窘境，财政亏空。周厉王三十年，周厉王不得不
任命他宠信的姬姓畿内诸侯荣夷公为执政大臣，大搞"专利

税"改革（即把原来公共的山林川泽收归王室所有，对狩猎和采摘行为进行收税），来化解财政危机。"专利税"引起了国人的普遍不满，满脑子军事思维的周厉王不知道化解矛盾，反而任用卫国巫师替他监视国人，大搞"封口堵嘴"那一套，最终被《史记》"国（城郭）人暴动"赶下台老死于河东彘地（在今山西霍县）。2008 年，清华大学得到的战国竹简《系年》，其中写道：厉王大虐于周，卿士、诸正、万民弗忍于厥心，乃归厉王于彻（彘）。

第六十八章　却走马以粪 备战之道也

天下①有道，却②走马以粪③；天下无道，戎马生於郊④。罪莫大於可欲⑤，祸莫大於不知足，咎（jiù）⑥莫惨於欲得。故知足之足⑦，恒足⑧矣。

传世本（46）：天下有道，却走马以粪；天下无道，戎马生于郊。祸莫大于不知足，咎莫大于欲得，故知足之足，常足矣。

解注：

①天下：点评君主为政之道。委婉其间，用天下指代君王。

②却：屏去，退回。

③走马以粪：粪，耕种，播种。此句意为用战马耕种。

④生於郊：指牝马生驹于战地的郊外。古时城郊多是肥沃良田，把城郊四周这些地方用作战马的繁殖场，有穷兵黩武的意思。

⑤可欲：可，会意。从口，从丂（供神之架），表示在神

前歌唱、炫耀。

⑥咎：罪过、过失。

⑦知足之足：知足而成的富足。

⑧恒足：才是永远的富足。指符合道的要件，符合道。

译文：

理国执政天下有道，是把战马寄养在田间劳作，战备结合，寓军于民。天下治理无道，把军马牧养储备在城郊良田，黩武伤农难以同心。罪过再大也超不过对权利地位名誉的过分追求，祸莫大于不知足，过失灾祸莫惨于贪婪。知道如何满足备战备军而又不损害民生的，邦国才会长久保持富足。

补充解注：

却走马以粪——王安石的"保马法"。

春秋名言，"天下虽安，忘战必危"，备战是邦之大者。

北宋自建国开始，就处于北方游牧民族环伺的险恶境地，"国之大事在祀与戎，戎之事中马政为重"。王安石做宰相后，努力追求富国强兵之路，推行"保马法"。

保马法：由官府直接将马匹分配给想要养马的人家，每户一至两匹。第二年，这些领养马匹的人家能够免收一定的税负，而且对于将马匹养好的百姓更是给予一定的奖励。

数年后，在宰相王安石的支持下，由王韶主持，宋朝先后收复了宕、叠、洮、岷、河、临（熙）等六州。宋军兵强马壮，给西夏以沉痛回击。"昭军行五十四日，涉千八百里，得州五，斩首数千级，获牛羊马以万计。捷书至，帝御紫宸殿受群臣贺，解所服玉带赐王安石。"正是因为王安石提出的保马法，在征战的时候才有足够的马匹供应军队，让很多士兵拥有了马匹，成为一名骑兵，每日行军距离远，依靠马匹的速度和力量与敌人展开搏杀，骑兵很快获得胜利。

北宋收复六州，拓边千里，史称"熙河开边"，又称"河湟开边"。

可是在司马光上台的当年，却主持废除一切变法。即使保守派内部也产生了争论，许多大臣认为不能全部废除变法，因为很多措施已经被证明很有效果。例如，司马光要废除保马法，就有范百禄、苏辙、苏轼、范纯仁等人反对，他们认为保马法的确减轻了百姓负担，范纯仁直接指出司马光是"宁欲扰民"，也要废除变法。然而司马光根本听不进去，他将苏轼等人贬职后，继续废除新法。司马光最大的罪过是将变法中收复的土地送给了西夏。宋神宗晚期虽然没有消灭西夏，但是经过变法，北宋还是收复了大片土地，对西夏形成了两面夹击的威慑。然而，司马光执政后，却提出从延庆二州撤兵，将安疆、葭芦、浮图、米脂、吴堡等寨割让给了西夏。

第六十九章　弗行弗见 调查之道也

不出於户，以知天下；不窥於牖^①，以知天道。其出^②也弥远^③，其知弥少。是以聖人弗行^④而知，弗现而名，弗为而成。

传世本（47）：不出户，知天下；不窥牖，见天道。其出弥远，其知弥少。是以圣人不行而知，不见而名，不为而成。

解注：

本章阐述了君王调查研究之道，君王亲自出面调查，真相往往"其知弥少"。

①牖：墙上开孔曰牖，屋子开孔曰窗。

②出：出行、出钱（花费）。双关词。

③弥远：满远，非常远，因为与迷同音，这里有双关词之意，说的是弥远，隐意是迷远，被深深遮蔽蒙蔽。

④弗行：弗，象形字。甲骨文字形，中间像两根不平直之物，上以绳索束缚之，使之平直。本义是矫枉。弗行，矫枉行，用其他行为代替出行。如弗见、弗为。

译文：

不出门户，就能够推知天下的事理；不窥望窗外，就可以认知日月星辰运行的自然规律。（因为百姓总是将美好光鲜的一面呈现给君王看）君王向外出行得越远，被蒙蔽得越严重，所了解的真相也越少。因此，懂得这个道理的圣君不亲自出行却能够推知事理，不亲自窥望观察而能明了"天道"，谨慎作为而可以有所成就。

第七十章　圣人欲不欲 不贵难得之货

其安也，易持也。其未兆也，易谋也。其脆也，易破也。其微也，易散也。合抱之木，生於毫末；九成之台，作於纍土；百仞之高，始於足下。

为之於其未有，治之於其未乱也，故无败也。

民之从事也，恒於其成事而败之[①]，故慎终若始[②]则无败事矣。是以聖人欲不欲，而不贵难得之货；学不学，而复众人之所过。能辅万物之自然，而弗敢为。

传世本（64）：其安易持，其未兆易谋，其脆易泮，其微易散。为之于未有，治之于未乱。合抱之木，生于毫末；九层之台，起于累土；千里之行，始于足下。为者败之，执者失之。是以圣人无为，故无败；无执，故无失。民之从事，常于几成而败之。慎终如始，则无败事。是以圣人欲不欲，不贵难得之货。学不学，复众人之所过。以辅万物之自然，而不敢为。

解注：

本章的核心是通过防微杜渐原理的阐述，委婉地劝喻君主慎重对待自己的喜好。

吴王好剑客，百姓多创瘢；楚王好细腰，宫中多饿殍。

本书序中已经阐述，圣人的"无为"，依从天帝意志的施为，此处不再展开。

由于前半段甲本乙本都不能辨识，传世本出现逻辑悖逆也无解。帛书甲本出土后，"恒於其成事而败之"中的"其"不同于传世本的"几"更加悖逆。

但将"为之於其未有，治之於其未乱也"向后移，如上文，续接帛书"恒於其成事而败之"，则文章通达。

①於其成事而败之：甲本如此，于其成事不久而败。传世本"其"变成了"几"，即将成事而败之。

②慎终若始：慎，象形字，担心叠垒着玩杂技的人摔下。

若，殷商女人地位高主祭祀，如图，跪拜、祈祷、祈求。

金文：慎 𢛳　　甲骨文：若 𡴆

全句意思是：谨慎结果、看中结果，希望结果安定长久，要认真谨慎对待开始，因为"终"取定于"始"。

译文：

事物处于安稳状态时，更容易把持掌控它，事物还没有开始出现征兆时，更容易谋划管理它；事物处于脆弱时间段时，更容易裁决处理它；事物处于粉末状态时，更容易分散它。合抱的大树，生长于细小的萌芽；九层之台，起筑于每一堆泥土；百仞之高，起始於足下。

处理事情要在它尚未发生前就着手；解决问题要在祸乱没有爆发前开始，如此就不会有失败。

民众做事情，做成之后总是不能持久，常常很快会失败。因此如果谨慎结果，希望结果长久，就要慎终若始，从初始开始把握它。

所以有道的圣人会特别谨慎对待自己特殊喜好带来的蝴蝶效应，追求人所不追求的，不稀罕难以得到的货物，学习别人所不学习的知识，补救众人所经常犯的过错。就能够依从自然本性辅助万物而不敢乱作为呀！

补充解注：

"若"字字形的变迁史就是女人社会地位的变化史。如图：

甲骨文 ，金文 ，小篆 ，繁体隶书 。

殷商时期，甲骨文昭示主祭祀祭拜的妇女，独自祭拜的形象。

周朝时期，金文变成了以"利器"为法物，一组人祭拜跳舞的形象。

秦朝西汉，小篆变成了草字头下＋无力的祭祀的人＋"利器"。

西汉至今，繁体隶书，变成了草字头＋右，失去了象形本意。

第七十一章 和大怨 有德司契 无德司爇

和①大怨，必有馀怨，焉可以为善②？是以聖人执右契而不以责於人③。故有德司契，无德司爇（chè）④。夫天道无亲，恒与善人⑤。

传世本（79）：和大怨，必有余怨，安可以为善？是以圣人执左契，而不责于人。有德司契，无德司彻。天道无亲，常与善人。

解注：

传世本颠倒黑白，本来是"执右契"，重契约，传世本却成了"执左契"。对中华民族的人格塑造产生了无法挽回的影响。

①和：此处为动词，此处做"和解"。本义是粉状或粒状物搀和在一起，或加水搅拌。与"分清""清分"是相对的。

②焉可以为善：关键词"善"，

善的甲骨文和金文分别为 善 善。

"善"的本义是在两个人之间搞平均、和稀泥。面对食物

"羊"，这未尝不妥，但面对大怨恨，肯定更应该讲讲道理，分清孰是孰非。

很多伤害、很多大怨是一辈子的刻骨铭心，有些痛苦是一生都无法抹去的伤痕。但在生活中，我们总会遇到一些人：他们丝毫不在乎你经历了什么，就端着一副高高在上的样子，劝你"别计较，大度些"。这样"伪善"的人，就是帛书作者本章批判的对象。

③执右契而不以责於人：帛书中右左是主次之意。

右，首先。

契：人之契乃人之间的约定，社会之契是国家规章制度，自然之契是公序良俗的道德约定。

执右契，首先执行双方契约、国家规定或公序良俗。

结合下一句，本句意思是，以双方约定国家规定和公序良俗来判决问题，而不是把有理的一方也打五十大板。

④爰：劈柴用的砍刀，把圆木从中间劈开，各得一半。

⑤夫天道无亲，恒与善人：结合本章全文，这里的善人，是讲道理的人，谦让有理的人。

译文：

中国传统式的和解大怨，必然还会留下残余的怨恨；怎么可以搞平均、和稀泥呢？高明的人首先依据双方契约国家规章或公序良俗来判决问题，而不是以社会影响来责于人。

　　因此，有道的圣人以双方的契约以及国家规定或公序良俗作为执法依据；不懂天道的人喜欢手握砍刀各打五十大板。

　　天道不讲亲疏，只眷顾讲道理、有道理的人。

补充解注：

　　责：甲骨文 $\yen$，金文 $\yen$，既是会意字又是形声字，从束，贝，本义是有从自然界获取财物或创造财物的机会和能力；引申为因为某件事情对社会造成的影响或者破坏。

　　执右契而不以责於人，故有德司契，无德司彻。这一"契约为先"的理念，比卢梭的《社会契约论》早了约两千年。

第七十二章 行无行 襄无臂 执无兵 乃无敌矣

用兵有言曰①："吾不敢为主而为客②。吾不进寸而退尺。"

是谓③行（xíng）无行（háng）④。襄（xiāng）无臂⑤，执无兵⑥，乃无敌矣。祸莫大於無敵⑦，無敵近亡吾葆矣。故称：兵相若⑧，则蓑者⑨胜矣。

传世本（69）：用兵有言，吾不敢为主而为客，不敢进寸而退尺。是谓行无行，攘无臂，扔无敌，执无兵。祸莫大于轻敌，轻敌几丧吾宝。故抗兵相加，哀者胜矣。

解注：

理解本章的秘钥：

一、"是谓"一句，取其本义，"正确的做法是"。

二、"無敵"，意思是"暂时看不见的敌人""辨识不出谁是敌人"。

①用兵有言曰，②吾不敢为主而为客

为主，主动进攻；客：被动等待。

上面这段话源自宋襄公仁义大败的典故"宋襄之仁"。周襄王十四年（公元前638年）十月初一，楚宋交战，楚军抵达泓水南岸，宋军占据泓水北岸，当时宋军抢占了地利的优势，完全可以趁楚国渡河时"半渡而击"。春秋时期，兵种主要为步兵、车兵，严重依赖阵法，如果能抢先在对方布阵时偷袭，那必定能起到事半功倍的效果。但是宋襄公说了句警世名言"吾不敢为主而为客"。等楚军渡了河、布了阵才开始互攻。结果宋襄公大败，宋国因为这次惨败而一蹶不振。春秋时期的战争是"贵族飚（车）技、平民看戏、点到即止"的模式，进入战国时期以后，战争结果直接关乎邦国生死存亡，战争战术才逐渐走向"诡道"。政客和将领为了获取胜利才开始无所不用其极，战争的规模、破坏性和残酷性彻底失去了底线。

③是谓：是，正确、正确的。是谓：正确的做法是。

④行无行：行（xíng），进行、行走、行事。

无行（háng），行，道也，规矩、制度、章法。

此句意为：行军打仗不能遵章守制，要行诡道。

⑤襄无臂：襄，襄助、帮助。因前文有攘臂而乃之，既然襄与攘分别使用，就不能简单等同。襄无臂：襄助别人不一定要直接出手。

⑥执无兵：执，会意字，右边是人，手被铐住。本义是拘捕、捉拿。执无兵：进攻捉拿没有固定兵法，不一定动用军队。

⑦無敌：从乙本，乙本分别用了"执无兵""无敌矣"和"無敌"，无和無不能简单等同。初始无的意思是真的没有。舞倒無的意思是舞蹈表演过程中退下不见，下一幕也许又出来了。

⑧兵相若：意思是双方实力接近互相忌惮。若，如前文，尊重、敬畏。

⑨蓑者：本义是穿蓑衣的人，意思是伪装者。周代蓑同哀，蓑，哀丧期间穿的粗麻上装；蓑衣，用植物皮草制成的雨衣。

译文：

用兵的人中间，（因为拘泥于礼仪）曾经有这样的说法："我不敢主动进犯，而采取守势；不敢前进一步，而宁可后退一尺"。

正确的做法是：行军打仗不能遵章守制，要行诡道。襄助别人不一定要直接出手；进攻捉拿不讲固定兵法，甚至不一定动用军队。这样就所向无敌了。祸患再没有比发现不了敌人、分不清楚谁是敌人更大的了，我特别标明这一点。所以，两军实力接近互相忌惮的时候，伪装起来能够不让对方发现端倪的，他们会获胜啊！

补充解读：

一、無敵之误

中国历史上文艺素养最高的三个皇帝，唐玄宗、宋徽宗和梁元帝，他们都是《道德经》的忠实拥趸。据史料记载，唐玄宗亲自为《道德经》批注并开坛讲演，官员朝堂议事如果不引用《道德经》就不好意思开口。宋徽宗更是用瘦金体亲自撰写批注并刊印全国。可惜他们读的都是传世本的《道德经》，不是原版《道德经》，用之则误。

唐玄宗创造开元盛世，国力非常强盛，在与吐蕃等邻国的冲突中战无不胜。可惜，没有认识到国家真正的敌人是谁？安禄山伪装的非常俗，认杨贵妃为干妈，唐玄宗把国家平卢、安阳、河东三个重镇的几十万军队交给他。结果安禄山扔掉伪装后，国家从盛世瞬间跌入万丈深渊。

宋徽宗想趁辽国上层内讧的时机收复燕云十六州。因为《道德经》读多了，他引用《道德经》的用兵策略，亲书妙计做锦囊给率军的童贯，不要真的动刀动枪，要"恬淡用兵"，到了前线宣读我赞美我大宋的盛世骈俪文章即可。

童贯被束缚了手脚，当然会失败，宋徽宗气急败坏派人与金国订立"海上之盟"，联合攻辽。搞不清楚谁是国家真正的敌人，结果引狼入室，盟友突然变成敌人，致使北宋亡国。

而梁元帝琴棋书画诗词皆为当世一流，城破前还在组织群臣听他讲述《道德经》，讲至结尾，悲怆地发出"读书无用"的感慨，绝望中下令焚烧毁灭了全部皇家藏书共 14 万册，其中多为孤本，史称"江陵焚书"，是中国文化史上最大规模的文化浩劫，许多珍贵书籍就此失传。

二、执无兵

汉初，吕后逮捕齐王韩信可以做正面案例。

汉末，何进引董卓入京致天下大乱，可以做反面案例。

大将军何进已经大权在握，剪除十常侍易如反掌，即使不以雷霆手段也很容易，就像曹操说的"但付一狱吏足矣！"可是何进偏偏选择了最愚蠢的方式，那就是召地方诸侯进京，试图借助他们的力量一起铲除十常侍。而提出这一建议的正是袁绍，《三国演义》中是这么说的："进曰：'太后不允，如之奈何？'绍曰：'可召四方英雄之士，勒兵来京，尽诛阉竖。此时事急，不容太后不从。'进曰：'此计大妙！'便发檄至各镇，召赴京师。"

三、襄无臂

日俄战争前，俄国贪得无厌，借修筑铁路无限扩展法外之地，独占我国东三省之野心充分暴露。清政府虽然对外号称中立，但作为北洋大臣的袁世凯还是悄悄地派吴佩孚等北洋军人化作当地平民深入俄军防区替日本刺探情报。

俄国战败后被迫交回法外治权，吴佩孚因刺探情报有功获"日皇赠勋六等及单日光旭日章"。

第七十三章　人之生也 柔弱 强硬策略居下

　　人之生也，柔弱；其死也，薧（kē）仞（rèn）贤强[1]。万物草木之生也，柔脆；其死也，枯槁。

　　故曰：坚强者，死之徒也，柔弱微细，生之徒也。

　　兵强则不胜，木强则恒[2]，故强大居下，柔弱微细居上。

　　传世本（76）：人之生也柔弱，其死也坚强。万物草木之生也柔脆，其死也枯槁。故坚强者死之徒，柔弱者生之徒。是以兵强则不胜，木强则兵。强大处下，柔弱处上。

　　解注：

　　本章秘钥，帛书作者用生与死所对应的两种生物体特征，演绎出用兵处事的策略：强硬手段居下策，柔弱微细方案居上策。

　　① 薧仞贤强：薧，成片的贴在地表的枯草；仞，用铁锹翻土时一铁锹的深度为一仞，如山高万仞。贤，分财与人。

　　②恒：中国传统习俗，把人死去的相关事情叫作"恒"，

这里指做棺材、做墓穴及坑道支护等相关事情。

译文：

人活着的时候身体是柔软的，死了以后身体就会变得僵硬，财物也带不走。草木生长时是柔软柔弱的，死了以后就变得干硬枯槁了。所以坚强的东西属于死亡的一类，柔弱的东西属于生长的一类。因此，用兵逞强死板就会遭到灭亡，树木强硬结实经常会被砍伐用来做棺材、做墓穴及坑道支护等相关事情。因此，强硬手段居下策，柔弱微细方案居上策。

补充解读：

强硬手段居下策，柔弱微细方案居上策。

除了赵匡胤杯酒释兵权，还有袁世凯软硬兼施，迫使隆裕皇太后签署《退位诏书》，极权帝王体制和平交权，保障了国家和平稳定及领土完整。

第七十四章　善执生者 以其无死地焉

　　出生入死。生之徒①十有三，死之徒②十有三，而民生生③，动皆之死地④之十有三。夫何故也？以其生生⑤也。

　　盖闻善执生者，陵行不辟⑥兕（sì）虎，入军不被（bèi）甲兵⑦。兕无所投其角，虎无所措其爪，兵无所容其刃。夫何故也？以其无死地焉。

　　传世本（50）：出生入死。生之徒十有三，死之徒十有三。人之生动之死地，亦十有三。夫何故？以其生生之厚。盖闻善摄生者，陆行不遇兕虎，入军不被甲兵，兕无所投其角，虎无所措其爪，兵无所容其刃。夫何故？以其无死地。

解注：

　　①生之徒：从出生开始到成年的时间段。徒，甲骨文是两个脚印，本义是步行或行动过程。

　　②死之徒：老死的（非意外死亡）过程或者比例。

　　③生生：形容有活力。

④动皆之死地：为争取生活资源而死的。皆，比肩的两个男性，有为相同目的而争的意思。

⑤生生：前一个生，不熟、不成熟，第二个生，生活态度、人命态度。生生，不正确的生命观。

⑥辟：同劈，用刀砍也。

⑦被甲兵：被 bèi，遭遇、遭受。如：被灾，被难（nàn）。

译文：

人始出于世而生，最终入于地而亡。通往成年的过程中早夭的有十分之三；非意外死亡正常老去的人有十分之三；一些人本来活生生的，为争取生活资源而非正常死亡的，竟然也占了十分之三。为什么会这样呢？因为不正确的生命观。

听说，善于掌控保护自身生命的人，在山岭间行走，不会冒险劈砍犀牛猛虎，在战争中也不主动去遭遇失控甲兵。犀牛不知道往哪里投其角，老虎不知道向哪里伸其爪，甲兵没有理由或机会用其刀。为什么会这样呢？因为他就没有把自己置于死地呀。

补充解读：

"善执生者"与"君子不器"

孔子的弟子子贡原本是卫国的商人，因为有钱，他经常穿着

华丽贵重的服饰招摇过市，孔子劝他说"君子不器"。器的甲骨

文 ，本义是野兽环伺中的一条犬。孔子的意思是君子不能因
招摇而成为大家嫉妒的对象，那样就与野兽环伺中的犬无异。

　　如何成为"善执生者"，作者说的似乎有点玄乎，请接着看
下一章，揭晓答案。

第七十五章 不战而善胜 解决困境之道

勇於敢①者则杀，勇於不敢者则栝（guā）②。此两者或利或害，天之所恶。孰知其故？天之道：不战而善胜，不言而善應，不召③而自来，弹（dàn）而善谋④。天网⑤恢恢⑥，疏⑦而不失。

传世本（73）：勇于敢则杀，勇于不敢则活。此两者，或利或害。天之所恶，孰知其故？是以圣人犹难之。天之道，不争而善胜，不言而善应，不召而自来，繟然而善谋。天网恢恢，疏而不失。

解注：

①敢：会意字，早期文字为![字形]。

一个人跳入陷阱和刀枪利刃之上；盲目的勇敢、自杀式样的勇敢。

②栝：古书上指桧树，用在箭末扣弦处。特点是先从外面削刻它至合适形状，然后再把它掏空，就可以把前杆插进去，为我所用。

③召：从口、从刀，本义是用刀做后盾呼唤。现在以言曰

召、以手曰招。

④弹而善谋：弹，冲突、冲突之中；谋，会意字，从"讠"、从"甘"、从"木"，甘是甘醴美酒，木是桌子。弹而善谋，在冲突中善于把各方叫到一起坐下来喝酒、沟通、说和。

⑤网：本义是用绳线等结成的捕鱼捉鸟的器具，引申为解决问题的办法。

⑥恢恢：恢恢，宽阔、博广，气势恢弘。

⑦疏：作形容词时，疏远、不亲近，亦指离间、使疏远。如：

疏慢（疏远而怠慢），疏阔（疏远），疏异（新鲜别致之意），疏落（疏远；冷落），疏木（疏远），疏外（疏远见外），疏斥（疏远排斥）。

译文：

解决问题，勇于冒险的可以选择直接出击击杀，勇敢但是深谋的，也可以像对待"栝"一样外削内掏，为我所用。这两种处理困境的方式，哪种有利哪种有害呢？恐怕盲目自杀式的勇敢才是老天厌恶的。

上天给我们的自然法则是，不冒险动刀动枪却能达到胜利，不逞口舌而善于应变处置；不需要威逼而能让对方自动到来，在冲突中善于把各方叫到一起坐下来喝酒、沟通、说和。

处置困境的谋略办法宽阔博广，（自然界的篇章中安排有一物降一物的方法机制）篇章排序很远、很靠后，但是不会遗漏失去的。

补充解读：

承接上一章，"善执生者"，就是本章善于选择"栝"这种方式的人。

传统文化中，失败的一方常说"要杀要剐，悉听尊便"。其出处可能就来自本章，只不过"栝（guā）"，被误传成了"剐"。

正确的写法应该是"要杀要栝，悉听尊便"。说这句话的人，巧用了这个同音字，听起来满是英雄气概，但是"悉听尊便"就暴露了归降之意。

胜利方点赞松绑，显示出惜才若渴、不计前嫌的胸怀，双方都有台阶，也就顺坡归降了。真要视死如归，只会不屑一顾地说"但求一死"。

第七十六章　大邦者 天下之牝也 天下之郊也

大邦者下流也①，天下之牝，天下之郊②也。牝（pìn）恒以靓③胜牡（mǔ），为其靓也，故宜为下。大邦以下小邦，则取小邦。小邦以下大邦，则取於大邦。故或下以取，或下而取④。故大邦者，不过欲兼畜（xù）人⑤。小邦者，不过欲入事人⑥。夫皆得其欲，则大者宜为下。

传世本（61）：大国者下流。天下之交，天下之牝。牝常以静胜牡，以静为下。故大国以下小国，则取小国；小国以下大国，则取大国。故或下以取，或下而取。大国不过欲兼畜人，小国不过欲入事人，夫两者各得其所欲，大者宜为下。

解注：

理解本章及后面几章的核心是揣摩作者对兼并壮大的态度。帛书甲本与传世本文字差别虽小，但态度差别巨大。帛书作者显然是以欣赏、期待的心理在撰写本章。体会到了这一点，特别有助于对小国寡民那一章内容的理解。

①大邦者下流也：邦：诸侯国。因避讳刘邦，改为国。下流，下游也。从前后章节看，下流至少是个中性词。

②天下之郊：像天下一样广大无边的郊野。

③靓：淑静、漂亮，政治清明。

④或下而取：下，谦下；取，借为聚。

⑤兼畜人：把人聚在一起加以养护。

⑥事人：事，侍奉、供奉、使用、役使；如果取多重意思，那就是"分工做事"。

译文：

大国像江河的下游啊，处在天下雌柔的位置，像天下一样广大无边的郊野，可使天下百川河流交合汇入汇聚在这里。天下的动物世界，雌性因为温和包容，常常胜过雄性成为族群汇聚的核心。因此，大国应该像江河的下游一样柔和包容。所以，大国以谦和包容的态度对待小国，就可以获取小国；小国对大国谦和礼让，就可以兼容于大国。因为以谦和包容的态度获取小国或者以谦和礼让兼容于大国，都可以兼并壮大。大国不过是想扩充人口，小国不过是想加入便于分工做事。两者能够各取其需获得合并发展。关键是大国应该谦下包容。

补充解读：

下流，本义是河流的下游，饱含着作者非常欣赏向往的心态。

中华民族的两条母亲河，长江和黄河，其下流都是人口稠密社会繁荣昌盛的地区。

　　不料却被人有意诋毁，词义变迁，下流成了下作的意思。在中国的文化中，确实存在着一股心态不正的势力，为了诋毁《道德经》可谓不择手段。

第七十七章　江海之所以能为百浴王者

江海之所以能为百浴王①者，以其善下之，是以能为百浴王。是以聖人之欲上民也，必以其言下之；其欲先民也，必以其身後之。故居前而民弗害也，居上而民弗重也，天下乐推而弗厌也。非以其无争与？故天下莫能与争。

传世本（66）：江海所以能为百谷王者，以其善下之，故能为百谷王。是以欲上民，必以言下之；欲先民，必以身后之。是以圣人处上而民不重，处前而民不害，是以天下乐推而不厌。以其不争，故天下莫能与之争。

解注：

细品帛书作者在本章对江海、对百浴王的态度，特别有助于理解下一章，需要一气呵成。下一章作者描写小国寡民的窘境，是为了后面展开批判。

①百浴王：百川峡谷所归附。

译文：

江海之所以能够成为百川河流所汇聚的地方，乃是由于它善于处在低下的地方，所以，它能够成为百川之王。因此，圣人要领导人民，必须用言辞对人民表示谦下，要想领导人民，必须把自己的利益放在他们的后面。所以，有道的圣人虽然地位居于人民之前，而人民并不感到受害，居于人民之上，而人民并不感到负担沉重。天下的人民都乐意推戴而不感到厌倦。因为他不与人民相争，所以天下没有人能和他相争。

第七十八章　小邦寡民 背道而驰为天下先

　　小邦寡民。使十百人之器毋用①，使民重（zhòng）死而远徙（xí）。有车周无所乘之②，有甲兵无所陈之③，使民复结绳而用之④。甘其食、美其服、乐其俗、安其居。邻邦相望，鸡狗之声相闻，民至老死不相往来。

　　传世本（80）：小国寡民，使有什伯之器而不用，使民重死而不远徙。虽有舟舆，无所乘之；虽有甲兵，无所陈之；使人复结绳而用之。至治之极，甘其食，美其服，安其居，乐其俗。邻国相望，鸡犬之声相闻，民至老死不相往来。

解注：

　　理解本章的关键，除了前面两章帛书作者对大国、对江海的欣赏态度，还有帛书作者精准分情况选择使用的"有"字。

　　①使十百人之器毋用：此句没"有"字，不允许"有"，所以没得用。多次分封后多是重孙、重重孙，辈分就很低呀，而周礼根据血缘关系对礼器的拥有规定了严格的等级条件。

②有车周无所乘之：此句有"有"字。虽然有车有舟，但是国家小，江河道路等资源有限，乘上车舟也无处可去。

③有甲兵无所陈之：此句有"有"字。虽然有，但是马匹拉着的战车，列阵展开队形也需要比较大的场地，国家小，没有合适的场地，所以没有地方可陈。

④使民复结绳而用之：这个就是"寡民"的问题了。在当时读书识字、制作竹简、誊写文字属于高智商工作，由于人口少，分工受限，国家小，税收基数也小，养不起这些人。不得不"复结绳而用之"。

从前面两章来看，作者是非常崇尚大国的。但当时是分封制，分封制下的受益贵族甚众。历朝历代对现政提出激烈批评触及既得利益群体的人都是不受待见的，都属于异类。从上一章做铺垫到下两章的内容来看，老子确实用心良苦。即本章描述小国寡民的现状，窘迫至极。设靶子，下面两章作者不惜使用粗话，表明对小国寡民极为憎恶的态度，并述说国大对文化繁盛的好处。

小邦的窘境：因为当时如同弟兄分家一样，邦国经过周王备案，就可以再分，重孙、重重孙，辈分越来越低，邦国越来越小。而当时又有严格的礼仪，鼎、器等拥有的条件非常苛刻，没得用；因礼仪而"重死"；因分封而"远徙"；有舟车但是没有江河大路，无处可去；有甲兵而没有地方可以展开列阵。因为人口基数小，不能设置制作竹简和识字撰书的专职人员……唯一能做的是吃好饭、穿好衣，因担心谋反，还不允许诸侯邦国之间交流互通等等。

作者把一般人不敢触及的社会丑陋充分暴露了出来，酣畅淋漓。

译文：

小国人少，因为血缘地位低，钟鼎等小规格的礼器也不能拥有，没得用；因礼仪而"重死"；因分封而"远徙"。因国家小，有车舆也无处可去；有甲兵也无处展开布列；因为人口基数小，不能设置制作竹简和识字撰书誊写的人员……生活就只能是吃饭、穿衣，乐其俗，安其居。因担心谋反，还不允许诸侯邦国之间交流互通，邻邦相望，鸡狗之声相闻，民至老死不相往来（真是太难了）。

延伸解注：

结绳：上古日期契约方式，按照契约每日开一结至全部打开

如图 〖图〗 时兑现曰 〖图〗。《易·系辞下》："上古结绳而治，后世圣人易之以书契。"治，如治水疏通一般打开结。

第七十九章　信言不美 既以予人己愈多

　　知不知，尚①矣；不知不知，病矣。是以圣人之不病，以其病病②，是以不病。

　　信言不美③，美言不信。知者不博④，博者不知。善者不多，多者不善。圣人无积⑤，既以为人，己愈有矣；既以予人，己愈多⑥。故天之道，利而不害，人之道，为而弗争⑦。

　　传世本（71）：知不知，上；不知知，病。夫唯病病，是以不病。圣人不病，以其病病，是以不病。

　　传世本（81）：信言不美，美言不信；善者不辩，辩者不善；知者不博，博者不知。圣人不积，既以为人，己愈有；既以与人，己愈多。天之道，利而不害。圣人之道，为而不争。

　　解注：

　　本章与上面几章是浑然一体的，这是理解本章的关键。前一章描述小国寡民的窘境，冒了天下之大不韪。实际上，好多人都看到了小国寡民的窘境，但是他们绕着矛盾走，揣着明白装糊涂，"知不知，尚矣"。

作者借圣人之口针砭时弊，是以不病。

理解本章的秘钥：一是正确理解"博"，在古汉语中常作动词，表示用正义、用十足的理由去争取，而不是简单的用手、用武力去搏。

二是正确理解中间的句子"既以为人，己愈有矣；既以予人，己愈多"，希望邦国之间合并做大。

①尚：金文 ，会意字，从八，向声，本义为尚且，且的甲骨文 ，单个男根，裸露男根。《诗·小雅·小弁》：尚求其雌；《资治通鉴·唐纪》元济尚寝，笑曰："俘囚为盗耳，晓当尽戮之。"

恰如"尚"字本身，看似时尚，其实是展现私欲。

②病病：古代急病为疾，上火之类的为病，丙在五行中属火。前一个病作动词，诊病、治病，后一个是名词。

③信言不美：信，古通伸，真实和直率；美，前面已有解释，美的甲骨文是雉鸡翎样的装饰，作时尚讲。

④知者不博：博与搏不同，表示用正义、用和谐的手段去争取，不是简单的用手、用武力去搏。传世本为"辩"，差异巨大。

⑤圣人无积：有道的人不自私，没有积存占有的欲望。

⑥既以为人，己愈有矣；既以予人，己愈多：大国谦下兼并小国和小国谦下加入大国，土地、人口都变得越大、越多。

⑦弗争：前面章节已经多次解注弗争，弗争，遵守一定秩序或者规则的竞争。

译文：

知道小国寡民的系列窘境但是装不知道，看似时尚其实是暴露了私欲哦！有很多人是王朝依男丁分封分家的受益者；不知道就真就不知道的人，认知能力当然是有缺陷的哦！因此，圣人不会装糊涂，要对这种现状把脉问诊，不是头脑发热，是为了邦国健康发展不生病。

述说小国寡民的窘境的大实话，直率不符合时尚哦，符合时尚投机主流的话又不值得信守哦。智慧的人不去争取合并做大，争取合并做大的人也许不是因为睿智；善良的人不去争取做多做大，做多做大的人未必是出于善心。

圣人是不存占有之心的，如果为了人民获取小国，自己就更加有人了；为了人民加入大国，自己也有更多的人可用了。自然的规律是让事物互相有利而不相害；人类社会的道理，是合并做大让大家分工做事和有秩序、有规则的竞争。

补充解读：

在帛书甲本乙本中，上面第二段，也就是传世本的第81章，是紧跟在《小邦寡民》一章的后面的，因为《小邦寡民》一章紧跟在《江河之所以为百浴王者》一章的后面，即使第 71 章被移走，三章连续阅读，仍然能够看出作者反对分封再分封的观点。

在誊写帛书的时候，誊写者把言辞激烈直接痛击时弊的上面第一段，也就是传世本的第 71 章移走，使得文章的"极端化观点"降低，可以窥见当时原作者面临的政治压力。

但是传世本把上面几章全部打乱并移位，且并故意篡改文字，就是刻意为之了。

第八十章　天下皆谓我尚大 俭葬

天下皆谓我〔尚〕大，大而不宵①。夫唯大，故不宵。若宵，细久矣②：我恒有三葆（bǎo）③，之④：一曰兹⑤，二曰俭⑥，三曰不敢为天下先⑦。夫兹，故能勇，俭，故能广，不敢为天下先，故能爲成事长（zhǎng）⑧。今舍其兹，且勇⑨，舍其後，且先，则必死矣！夫兹，以战则胜，以守则固。天将建之，如以兹垣（yuán）⑩之。

传世本（67）：天下皆谓我道大，似不肖。夫唯大，故似不肖。若肖，久矣其细也夫。我有三宝，持而保之。一曰慈，二曰俭，三曰不敢为天下先。慈，故能勇；俭，故能广；不敢为天下先，故能成器长。今舍慈且勇，舍俭且广，舍后且先，死矣！夫慈，以战则胜，以守则固，天将救之，以慈卫之。

解注：

①宵：金文如图 ，"宀"表意，表示人多在屋内；有人才拥挤、人才踩踏的意思。

262

②细久矣：久，通"灸"，细久矣，详细诊治分析一下啊。

③葆：这里是"处方"的意思。

④之：会意字，像艸过屮，枝茎益大，本义为出生、生出。

⑤兹，甲骨文 𓎤𓎤 或者 𓎤𓎤，两个并列的豆荚或者葫芦；金文大篆 𓎤𓎤，两个并列的葫芦，本意是兄弟之间共事合作。

⑥俭：节约，不浪费。老子特别反对厚葬，此俭葬、薄葬、俭啬。

⑦不敢为天下先：就事论事，作者认为天下邦国发展的道理应该如大河之下游一样越聚越大。"天下先"就是特指分封致国家变小违背天下趋势这一政策。

⑧爲成事长：爲，象形字，两只母猴相对的形状，取本义。爲成事长，人口繁盛事业增大。

⑨且勇：且的甲骨文 𓊵 与兹对应，单个男根，且勇，对每个男性后代再分封形成匹夫之勇。

⑩垣（yuán）：矮墙、用矮墙围圈。

译文：

天下人都说我崇尚邦大。大邦恒常不会有人才踩踏。因为邦大，（文明文化发展）就不会人才拥挤。应该期待人口繁盛、人才济济。我有三个处方，一直在宣讲：第一个处方叫做兹，按照社会分工，发挥专业优势团结协作；第二个处方叫做俭葬，薄葬俭啬；第三个处方是不敢冒天下之大不韪、突破自然发展规律，邦内再分封搞小邦化。

有了社会分工和团结协作，所以就力量强大；有了俭葬，所以能大方；邦内不搞再分封，兄弟之间共事合作就有人口繁盛，便于分工协作文化事业变大。现在丢弃协作分工而对每个男性后代再分封形成单个匹夫之勇；舍弃大邦，再分封以至小邦寡民，结果是走向文明文化的衰退。

发挥优势，分工协作，以战则胜，用来守卫就能巩固。天要援助谁建立文明文化大业，就用兄弟团结协作围圈筑墙来保护他不分裂成芸芸小邦。

补充解读：

帛书作者显然是在为自己崇尚大国而展开一系列解释说明，结果因为传世本在"大"前面加了一个"道"，一下子给带偏了。

帛书乙本在"细久矣"之后，加了"细也夫"，被后面的版本接力下传。足见乙本誊写者不严谨，或者还有别的原因，已无可知了。

关于"且"的本义用法，"苟且"最能体现。苟，《说文》——筍，曲竹捕鱼具也，安放于堰口的竹制捕鱼器，大腹、大口小颈，颈部装有倒须，鱼入而不能出，又有以簿为梁筍承之者，谓之寡妇之筍。筍，在甲骨文中是竖起两只耳朵的狗，指发情的母狗，且，是雄性之根，苟且，意指母狗公狗交配之事。

粤语中骂某人出丑还不知羞耻的粗话就说他"露且"，在粤语中其读音类同"陆柒"，数字 67 就无辜地成了忌讳数字组合。

上古时代普遍有生殖崇拜，远古说"且"可能不算粗话。但金文中已经出现"祖"字，周公制礼后，"且勇"即使不算粗话，至少也不雅。作者使用这个字，表明对小国寡民极为憎恶的态度。

三国时期的袁绍如果有幸读到上面的文章，也许不会败得那么惨。袁绍临终前，把青州分给大儿子袁谭，把幽州分给了二儿子袁熙，把冀州分给了小儿子袁尚，把并州分给了外甥高干，结果，被曹操各个击破。

第八十一章　吾言甚易知也 甚易行也

　　吾言甚易知也，甚易行也，而人莫之能知也，而莫之能行也。言有宗①，事有君②。夫唯无知也，是以不我知。知者希，则③我贵矣。是以圣人被（pī）褐④而怀玉。

　　传世本（70）：吾言甚易知，甚易行，天下莫能知，莫能行。言有宗，事有君。夫唯无知，是以不我知。知我者希，则我者贵，是以圣人被褐怀玉。

解注：

①宗：源头。

②君：指有所本、有依据。

③则：法则。此处用作动词，意为效法。

④被褐：被，穿着；褐，粗布。

译文：

　　我的话很容易理解，很容易施行。但是天下竟没有谁能理解，没有谁能实行。言论有源头，行事有依据。正由于人们不理解这个道理，因此才不理解我。能理解我的人很少，那么能取法于我的人就更难得了。因此有道的圣人穿着粗布衣服，怀里揣着如同美玉的经典。

后　记

　　写完解注后，笔者突然感觉到帛书《道德经》的关键字是"若"，祈祷、祈求、尊重、包容、重视。也是现在构建和谐社会的要旨。

　　"若"在帛书中多次出现，极大地升华了《道德经》。

　　加深"若"字的甲骨文印象，就掌握了理解帛书《道德经》钥匙。上古"圣人皆无父，感天而生"，"若"的本意可能还要丰富些。

灵泉黎老